법정의 고수

법정의 고수

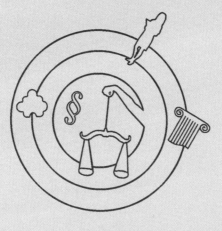

신주영 지음

신 변호사의 법조 인사이드 스토리

솔

차례

이번에 저희 좋은합동법률사무소에서 그 장래가 촉망되는 신주영 변호사가 법조 주변의 이야기들을 모아 한 권의 책을 펴내게 되었습니다. 법조계의 선배 되는 사람으로서 또 함께 일하는 합동사무소의 대표를 맡고 있는 입장에서 참으로 기쁘고도 경하할 일이라 생각합니다.

아울러 한번 꼭 읽어볼 만한 책이라고 강조하면서 독자 여러분에게 추천의 말씀을 올리고자 합니다.

먼저 이 책은 읽기가 매우 편하고 재미있습니다. 한번 시작하면 놓지 않고 끝까지 읽게 됩니다. 책에 빨려든다고나 할까요.

사실 법에 관계되는 책은 독자가 가까이하기에는 어렵다거나 딱딱하다는 지적을 많이 받고 있습니다. 법이라 하면 가까이하기에는 만만치 않은 것이라고 모두 느끼고 있습니다. 무슨 뜻인지 알 수 없는 전문용어가 자주 등장하는 데다가 법률가의 글이라는 것이 장황하기 그지없어 그 뜻을 알아내는 데 머리가 아프기 일쑤입니다. 평생 법조의 한구석을 지켜온 사람으로서 어떻게 하면 여러분에게 쉽고 재미있게 법 이야기를 할 수 있을까를 고민해왔습니다만, 이 책을 보면서 신 변호사와 같은 재능을 가진 사람이 있다면 걱정을 하지 않아도 되겠다는 믿음을 갖게 되었습니다.

다음으로 이 책을 읽으면서 우리는 많은 교훈을 얻게 됩니다.

잘 아시다시피 법이라고 하는 것은 인간의 사회적 관계를 다루는 분야입니다. 인간관계가 잘 이루어질 때는 몰라도 되고 필요하지도 않습니다. 그러나 어디 사람과 사람의 사이가 순조롭기만 하겠습니까. 사람 사이의 분쟁과 갈등이 마지막으로 찾는 곳이 법입니다. 인간의 온갖 궂은일, 슬픈 일들이 모여들어 해결을 구하는 곳이 법조입니다.

법 없이 사는 것이 가장 바람직하단 말이 있습니다만, 살다 보면 법조 주변과 관계를 맺을 수밖에 없는 것이 인간사입니다. 법에 대해서 좀 알아두어야 피해를 보지 않고 지나 갈 수 있습니다. 또 알게 되면 반면교사가 되어 법조 주변에 나타나지 않아도 되는 것이지요. 말하자면 예방을 할 수 있 는 것입니다. 이래저래 우리가 법과 더불어 살아갈 수밖에 없다면 우리는 이 책에 씌어 있는 여러 가지 이야기를 통하 여 법에 대한 상식을 얻게 되고 또 인생살이에 길잡이가 되 는 가르침을 터득할 수 있게 될 것입니다.

신 변호사는 일찍이 서울대학교 법과대학을 졸업하고 사 법시험에 합격하여 8년여 활동을 하고 있는 젊은 변호사입 니다. 슬하에 2남 1녀를 두어 육아와 전문직을 겸행하느라 바쁘기 그지없는 나날을 보내고 있습니다. 그런 가운데 뜻 을 내어 이같이 훌륭한 저술을 하였다는 것은 가상嘉賞하기 그지없는 일입니다. 특출한 능력의 소유자라고 해야 할 것 입니다. 아마도 어릴 때부터 다양한 방면의 독서를 게을리 하지 않은 것이 바탕이 되지 않았나 생각해봅니다. 신 변호

사의 이와 같은 노력이 많은 젊은이에게 귀감이 되리라 믿
습니다.

아무쪼록 이 책이 많은 분에게 읽혀서 큰 도움이 되기를
기원합니다. 신 변호사도 이번 일에 그치지 말고 계속 정진
하여 부디 좋은 저작을 많이 내놓기를 소망하면서 추천사
에 갈음합니다.

2008. 8.

좋은합동법률사무소

대표변호사 丁海昌*

---

* 제36대, 37대 법무부장관 역임, 전 한국범죄방지재단 이사
장. 현재 좋은합동법률사무소 대표 변호사로 있다.

더위도 한풀 꺾일 무렵 연구실로 한 권의 원고가 배달되었다. 대학 동기인 신주영 변호사가 법조 생활을 하면서 겪거나 알게 된 이야기들을 엮은 책이었다. 그러고 보니 나도 역시 이 책에 자주 등장하는 "15년 만에 만난 대학 동기"인 셈이다. 간간이 등장하는 88학번 대학 동기들이 누구일까 궁금해하면서 읽다 보니 어느새 마지막 에필로그를 읽고 있었다. 재미있기도 했지만, 나에게는 잠시라도 추억 속의 대학 시절로 돌아가게 해준 고마운 책이기도 했다.

그 시절 우리는 아는 것은 별로 없었지만, 남의 일을 그저 '남의 일'로만 느끼지는 않았던 것을 보면 그래도 순수하고 따뜻한 마음은 간직하고 있었던 것 같다. 세상에 억울한 사람을 만들지 않는 것이 가장 중요하다고 배웠고 실제로 그렇게 느끼고 있었던 것 같다. 그러나 사회로 나와 많은 것을 보고 배우면서 예전의 우리로부터 조금씩 멀어졌다. 아는 것이 늘어날수록 우리가 예전에 생각했던 따뜻한 마음은 점점 작아져서 이제는 그 설 자리도 찾지 못하고 있는 것처럼 느껴질 때도 있다.

이러한 점에서 무엇보다도 기뻤던 것은, 이 책에서 주변의 한 사람 한 사람에 대한 애정을 잃지 않고 살아가는 신 변호사의 모습을 볼 수 있었던 점이다. 책의 곳곳에서 기존의 관행에 맞서 한 개인의 억울함을 풀이보려는 변호사의 모습을 느낄 수 있었고, 그것은 이미 구시대가 되어버린 우리에게는 아득한 기억의 파편 정도로만 남아 있던 것이었다. 같은 나이의 친구의 일임에도 불구하고 책을 읽는 내내 '신선하다'는 느낌을 받았던 것은 이런 이유에서일 것이다. 비단 신 변호사의 개인적 활동뿐만 아니라, 이 책에 실린 다른 법조인의 이야기들도 모두 이러한 관점에서 취재된 것들이어서 마찬가지 느낌이었다.

독자들은 혹시 『법정의 고수』라는 제목을 보고 편견을 가지지 않기를 바란다. 이 책은 무슨 변호사들의 법정 공방의 기술을 담은 책이 아니라, 오히려 그 이면의 변호사의 자세에 대해서 이야기하고 있기 때문이다. 그리고 그 자세는 비단 변호사에게만 요구되는 것은 아닌 것 같다. 사람을 상대하는 모든 직업에 요구되는 자세가 아닐까? 책을 읽는 내내, 나는 과연 학생들에게 이런 자세로 임했는가 하는 자책이 머리에서 떠나지 않았다. 이러한 점에서 이 책은 단순히 법정에서의 이야기를 소재로 한 것일 뿐이고, 모든 사람이 그 주인공이 될 수 있다는 생각도 든다.

이 책의 또 다른 미덕은, 아마도 독자의 입장에서는 가장 큰 미덕이라고도 할 수 있겠지만, 한 번에 읽어 내려갈 수 있다는 것이다. 다루는 내용은 물론 전문적인 것들도 많이 있지만, 그것들을 풀어내는 것이 마치 친구들끼리 커피숍에 모여서 나누는 수다처럼 다가온다. 그만큼 그 내용에 쉽게 몰입할 수 있었다. 사람에 대한 애정 역시 어떤 설교처럼 무겁게 독자를 누르는 것이 아니라 잘 만든 드라마처럼 잔잔

한 감동으로 다가온다. 작위적이라기보다는 신 변호사의 평소 스타일인 것 같은데, 덕분에 별 부담 없이 책 읽는 즐거움을 누린 것 같다.

변호사라는 바쁜 일상을 쪼개어 이렇게 책을 내는 것은 아무나 할 수 있는 것이 아니다. 그리고 그 내용을 이처럼 쉽게 전달할 수 있는 것도 아무나 할 수 있는 것이 아니다. 글쟁이라는 직업을 가지고 있으면서도 변변한 책 하나 아직 쓰지 못한 내 입장에서 보면 마냥 부러울 따름이다. 신 변호사가 앞으로도 사람에 대한 애정을 계속 간직하길, 그리고 더 나아가 자신의 재능을 잘 살려 좋은 글들을 많이 남겨주길 바란다. 그리고 독자들에게도 오랜만에 아주 좋은 책 하나가 나왔다는 사실을 알리면서 이 글을 마치고자 한다.

2008. 9.
서울대학교 법과대학
교수 송옥렬

구제할 수 있는 한 사람이 소중하다

내가 변호사가 된 뒤, 친척이나 주위 분들 중에 가끔 법정에서 변론하는 모습 좀 구경할 수 없냐고 물어오는 분들이 있다.

그럴 때마다 나는 웃으면서 "구경할 만하지 않습니다" 하고 답한다. 그분들은 대부분 할리우드식 법정 영화를 상상하는 듯한데 우리나라는 실정이 전혀 다르기 때문이다.

민사소송은 말할 것도 없고, 형사소송의 경우도 변호인은 판사를 설득하기 위해 변론을 할 뿐이고, 그 주요 내용은 변호인 의견서나 변론요지서 등의 서면으로 재판부에 제출하기 때문에 법정에서 배심원을 향해 명연설을 하는 그런 장면이 연출되는 경우는 거의 없다. 즉, 방청석에서는 내용을 알 수 없게 재판이 진행되어 일반인들이 법정을 참관한다 하더라도 영화에서처럼 감동을 받을 일은 거의 없는 것이다.

그렇다고 해서 우리나라 법정이 정말 재미가 없을까?

전혀 그렇지 않다. 내향적인 성격을 가진 사람의 내면이 외향적인 사람보다 더 역동적이고 흥미로울 수 있는 것처럼, 우리나라 법정은 마치 정지 화면인 듯 가라앉아 보이지만 그 내면을 들여다보면 매우 역동적이고 치열하게 재판이 진행되는 것을 알 수 있다.

법정에서 구두로 변론이 치열하게 이루어지지는 않더라도 민사소송에서 쌍방 대리인 사이에 주고받는 서면 공방전은 가히 전투적이며, 형사소송의 경우도 수사 기록과 변호인의 변론 활동 사이의 대조는 진실 게임처럼 흥미롭다.

재판이 진행되면서 진실이 명백히 밝혀지거나, 한 인간에 대한 이해가 깊어지거나, 분쟁이 해결되거나 하는 변화를 겪게 된다. 그 변화는 마치 씨앗이 싹이 트고 잎이 나고 꽃이 피는 것처럼 흥미롭다. 이러한 과정들은 피상적인 관찰만으로는 결코 파악할 수 없다. 즉 법정을 잠시 구경해보는 것만으로는 그 이면에서 펼쳐지는 속 깊은 이야기를 들을 수 없는 것이다.

어느새 10년차 변호사가 되었다. 나는 최근에 변호사라는 직업이 참 재미있다고 생각하게 되었다. 소명인지도 모르겠다는 생각도 드는데 내게는 참으로 의미 있는 변화다.

최근 법조계의 대변화를 예고하는 것 두 가지를 꼽으라면 로스쿨 제도와 배심원 제도라고 할 수 있을 것이다. 이 두 가지 제도 중 하나는 법조인 선발 방식에 관한 것이고, 다른 하나는 법정에서 재판을 운영하는 방식에 관한 것이라는 점에서 구별되지만, 둘 다 영미식 제도라는 공통점이 있다. 즉 할리우드 영화의 고향에서 온 것이다.

논의되기 시작한 지 거의 10년이 다 되는 오늘에야 로스쿨 제도가 도입된 것만 보아도 그동안 얼마나 이에 대한 논란과 진통이 심했는지 짐작할 수 있다. 배심원 제도의 도입 문제도 찬반양론이 팽팽했던 것 중 하나다.

어느 판사님이 미국 판사들과 한미 양국 간의 사법제도에 관하여 토론하는 자리에서, 한 미국 판사가 한국에 배심원 제도가 없다는 이야길 듣고 이렇게 질문했다고 한다.

"한국에서는 어떻게 배심원 없이 재판을 할 수 있습니까?"

한국 판사님은 이렇게 반문하셨다고 한다.

"당신들은 어떻게 배심원들로 재판을 할 수가 있습니까?"

배심원 제도가 도입되면 지금보다 재판이 재미있어질까?

진실 규명과 권리 구제 그리고 궁극적으로 정의 실현을 위해 치열한 전투가 이루어지는 법정의 본질상, 배심원 제도가 아니어도 재판은 언제나 흥미롭다.

『세상을 바꾼 법정And the walls came tumbling down』이라는 책이 있다. 낙태, 언론의 자유, 환경 분야에 있어 새로운 관점으로 내린 판결이 향후 인식의 전환과 사회적 반향을 불러오고 세계사의 어떤 흐름을 바꾸어놓은 사건들을 엮은 것이다. 즉 판결 하나하나가 사회 전체에 가져온 변화가 매우 크고, 그 사건 자체가 역사적 의미를 가지는 것이었다.

이 책 『법정의 고수』는 그런 역사적인 판결이나 사건을 다루지는 않았다. 교통사고나 사기 등 사건 자체는 매우 평범하고, 주위에서 흔히 일어날 수 있는 일들을 다루고 있다.

평범한 사람들이 주변에서 흔히 목격하거나 당사자가 될 수도 있는 일이어서, 보편적인 인간의 모습이 재판에 녹아 있다. 즉 판사, 변호사, 검사, 당사자들과 그 주변 인물들이 재판을 이끌어가면서 자신의 인격과 가치관을 드러내고 능력을 발휘한다. 이 책은 바로 이런 부분을 주목한다.

결국 승리는 개인이 하는 것이 아니고, 어떤 관점이 승리한다. 어떤 경우는 선입견과 편견이 깨지고 가해자였던 사람이 피해자임이 드러나기도 한다. 또 어떤 사건에서는 판단하고 처벌하기보다는 이해하고 화해하는 방향으로 분쟁이 해결되기도 한다. 사회적으로 역사적 의미가 있는 것은 아니더라도 한 개인사에는 그보다 더 깊은 의미가 있을 수 있는 것이다.

태풍이 심하게 지나간 다음 날, 어느 해변가에 수천수만 개의 불가사리들이 떠밀려 와 쨍쨍한 햇살 아래 말라 죽어가고 있었다. 한 관광객이 지나가다 보니 그 마을의 한 사내가 혼자서 부지런히 불가사리를 한 마리씩 바다로 돌려보내고 있었다. 관광객은 의아해하며 다가가 물었다.

"지금 무얼 하고 계십니까?"

"보시고도 모르시오. 불가사리를 살리고 있지요."

"어느 세월에 그걸 다 살리겠소. 지금 당신이 불가사리 몇 마리 살려봐야 무슨 소용(의미)이 있겠소?"

"적어도, 살려준 불가사리에게는 큰 소용(의미)이 있지요."

사형제도 자체를 없애는 것은 역사적 의미가 있겠지만 사형제도가 존재하더라도 한 사람의 피고인이 사형을 면했다면, 감옥 자체를 부술 수는 없어도 한 사람의 피고인이 실형을 면했다면 변호인이 그를 위해 열정과 지혜를 다하여 변론한 것은 그 사람에게는 세상을 바꾼 것만큼이나 의미가 있을 것이다. 그런 의미에서 이 책이 다루고 있는 사건 하나하나의 의미는 매우 깊다.

개정판 발간의 소회

『법정의 고수』라는 책을 출간한 지 10년이 지났다. 『법정의 고수』는 나의 청춘 기록과도 같은 것이다. 당시 나는 막 10년 차가 된 30대의 변호사였고, 초심자의 용기로 사건 하나를 맡으면 앞뒤 가리지 않고 종횡무진하던 시절이었다. 만일 내가 그 초심자의 용기를 지금까지 유지하고 있었더라면 아마 『법정의 고수』는 속편이 벌써 나오고도 남았을 것이다. 하지만 어느 순간 나는 멈춰 섰고 『법정의 고수 2』에 대한 집필 의욕을 조용히 삭이고 있었다. 이후에 맡은 사건들이 『법정의 고수』에서 다루었던 사건들에 비해 글감이 되기에 부족했다거나, 내가 그때 그 시절의 초심자가 아니어서라고는 할 수 없다. 정답이 무엇이라고 속 시원하게 말하기는 어렵다. 좀 더 정확한 이유를 탐색하고 있지만 현재 시점에서 해답에 가장 근사치로 수긍할 수 있는 것은 나의 내면에서 '사법제도에 의한 해결'에 대해 갈수록 회의가 깊어졌던 것이 가장 큰 원인이다.

그 회의는 '현재 사법부에 대한 불신' 같은 정치적인 이유를 말하는 것이 아니다. '사법제도'라는 사실관계 확인과 법률의 적용에 의한 판단과 판결 및 집행으로 이어지는 시스템 자체의 완전성에 대한 회의, 그리고 그 시스템을 통한 해결의 효용성에 대한 회의를 말한다.

아무리 최선을 다해도 과거에 있었던 사실관계를 100퍼센트 정확하게 복기할 수 없는데, 사실관계는 1퍼센트만 다르게 확정되어도 판결은 180도 달라질 수 있다. 법률은 아 다르고 어 다른데 법관의 의지에 따라 해석에 다소 차이가 날 수 있고 그 작은 차이는 한 개인에게는 하늘과 땅만큼 다른 결과로 돌아온다. 그보다 더 잘할 수 없이 법률에 통달하고 성실한 변호사, 철두철미 원칙에 따르는 검사, 균형 감각이 뛰어난 판사가 달라붙어도 오류가 개입할 여지는 늘 있다. 더구나 분쟁의 해결 과정이 한 개인의 읍소와 함께 사법 시스템으로 옮겨가는 순간부터 무수히 맞닥뜨리게 되는 해

명의 요구와 반복되는 설명, 그 사이사이 개입되는 분노와
억울함의 재생산, 절차가 끝난 뒤에는 아무리 정의에 가까
운 판결을 얻었다 해도 패소자는 말할 것도 없고 승소자도
잘해야 본전인 상태에 서게 되는 일이 허다하다.

재판을 겪어본 사람이라면 누구나 동의할 것이다.

"그 일은 애당초 시작되지 말았어야 했다."

누구나 송사에 휘말리게 되면 그 송사의 단초가 되었던
그날 그 순간의 일을 후회할 것이다. 내가 그날 거기에 가지
않았더라면, 그가 말할 때 한 번쯤 더 참아주었더라면, 차라
리 돈을 주고 말걸 하고 말이다.

나 역시 나 자신이 송사에 휘말린 적이 있었는데 긴 황망
함과 번민의 시기를 거친 뒤 섬광 같은 깨달음을 얻고서야
그 어두운 터널을 빠져나올 수 있었다. 아마 그 경험 때문이
었을 수도 있다. 그 이후 나는 더더욱 '사법제도에 의한 해
결'에 대해 심리적으로 거리를 두게 되었고, 그럴수록 『법

정의 고수 2』에 대한 집필 의욕 역시 사그라들고 있었다. 그러면서 사건 자체에 달려드는 의욕도 함께 조금씩 좀먹히고 있었다. 어느새 나는 소송을 맡기러 찾아오는 의뢰인들에게 소송으로 얻는 이익에 가려서 흔히 놓치게 되는 불이익을 생생하게 묘사해주면서 조심스럽게 아예 소송에 발을 들여놓지 말라고 조언하는 이상한 변호사가 되어가고 있었다. 자기 소멸이 목적이었던 로물루스 대제의 우스꽝스러운 대사들이 바로 나의 대사와 다르지 않다는 것을 깨닫자, 이제 인생 2막을 도모하며 서서히 이곳 사법부의 언저리에서 발을 빼야겠다는 생각마저 들었다.

그즈음 가볍게 썼던 어린이용 법 동화책이 기대 이상으로 성공하면서, 같은 종류의 책을 하나둘 더 쓸 기회가 생겼다. 그런 책들은 가상의 이야기를 소재로 인문학과 법을 자연스럽게 연결시키면서 쓰는 것이라 팩트를 일일이 철저하게 확인해서 써야만 하는 준비서면보다 훨씬 수월했고, 소송에 몰입해서 마음고생하지 않아도 되니 작업 자체도 진행이 빠르고 즐거웠다. 잇달아 또 비슷한 유형의 책에 대한 출간 제안이 들어왔고, 한 출판사 편집장님이 찾아와서 차를 마시며 계약서에 도장을 찍으려던 순간이었다. 나도 모르게 계약서에 사인하는 것을 주저하며 계약서를 더 살펴보고 우편으로 보내겠다고 했다. 하지만 그 이후로 계약서를 살펴보지도 않은 채 하루 이틀 계속 미루게 되었다. 그런데 이때는 『법정의 고수』 속편의 집필을 미루는 것과는 성격이 조금 달랐다. 내 안에서 내가 먼저 돌아봐 주기를, 그리고 제대로 돌보아주기를 바라는 어떤 이야기가 누군가를 절박하게 기다리는 조그만 아이처럼 울며 서 있었다. 그 아이는 이렇게 말하고 있는 것 같았다.

　'나부터 돌보아주지 않으면 너는 한 발짝도 더 이상 못 나갈 거야. 나를 내팽개쳐 두지 말아줘.'

　그 아이는 내가 가는 길 바로 앞에서 나를 가로막고 서서,

지금 내가 받아든 계약서는 길가에 있는 휴게소 같은 것일 뿐이라며, 얼른 자신의 손을 잡고 내가 가야 할 길로 계속 가기를 재촉하고 있었다.

어쩌면 이후에 펴낼 속편에서 다루게 될 이야기들은 나에게 끄집어내는 데 용기가 필요한 이야기인지도 모른다. 내가 사법부의 언저리를 떠날 수도 떠나지 않을 수도 있지만, 사법부의 언저리를 지키고 있었던 한 사람으로서 써야만 하고 쓸 수밖에 없는 이야기임을 알기에 그 아이의 목소리를 따라 조금씩 나도 용기를 내어 한 발 한 발 내디뎌보기로 했다. 『법정의 고수』가 초심자의 청춘 기록이라면 이 이야기들은 뼈아픈 성장통에 관한 기록이 될 수 있을 것 같다.

사법제도는 최선은 아니더라도 차선은 될 수 있고, 내가 직접 그 황망하고 혼란스러운 긴 터널을 거치지 않았더라면 섬광과 같은 깨달음을 얻을 수는 없었을 것이다. 적어도 우리는 모두 어느 지점의 어느 순간에 서 있든 내가 할 수 있는 선택의 여지를 갖고 있다. 그래서 나는 이 이야기를 나누지 않고는 이곳을 떠날 수 없을 것 같다. 그리고 변호사로서가 아니라 법을 잘 아는 친구로서 내 조언을 요청하는 친구들에게 이보다 더 마음에 와닿게 일러줄 수 없을 것 같다.

출간을 준비하고 있는 『법정의 고수』 2, 3편에 앞서, 올해로 출간 10주년을 맞은 『법정의 고수』 첫째 권을 솔출판사에서 새롭게 개정해 펴내게 되었다. 새로운 인연에 『법정의 고수』라는 책의 운을 맡겨보기로 한다. 그저 감사할 뿐이다.

" 유연하고 창의적인 사건 해결 능력은
우리 변호사들에게 꼭 필요한 덕목이다.
창의적인 해결 능력 역시
변호사와 의뢰인 사이의 신뢰와 애정을
그 자양분으로 삼는다는 것,
지금 변호사인 나 역시 사건을 해결하면서
항상 느끼는 점이다. "

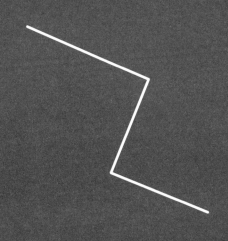

1장
사건 보따리와 막도장의 진실

세 명의 변호사

지금 하려는 이야기에는 나를 포함하여 세 사람의 변호사가 등장한다. 그런데 사건이 일어난 때는 나는 변호사가 되기 전이었고, 한 분은 변호사로서 전성기를 맞이한 때였고, 또 나머지 한 분은 막 변호사 일을 시작한 때였다. 지금 나는 변호사가 되었고, 전성기를 지나가고 있던 그분은 은퇴하여 더 이상 변호사가 아니시며, 새내기 변호사였던 분은 대한민국에서 모르는 사람이 없는 분이 되셨다.

나는 중학생 시절에 수학에 소질이 있었다. 주위에서는 내가 당연히 이과로 진학할 것으로 생각했고 집에서도 의사나 과학자가 되기를 권했다. 그런데 사실 나는 음악과 문학에 훨씬 관심이 많았고, 고등학교 1학년 어느 휴일, 헤르만 헤세의 어떤 소설을 읽고는 완전히 반해버렸다. 지금은 내용도 가물가물한데 그 당시에는 왜 그렇게 감동했는지,

아침에 일어나 침대에 걸터앉아 읽기 시작해 점심 먹을 때까지 꼼짝도 하지 않고 다 읽고 나서는 글 쓰는 사람이 되고 싶다는 소망이 번개처럼 번쩍 내 마음속에 생겨났다. 그리고 그 이후 나는 별다른 갈등 없이 문과로 진학했다. 그래서였는지 고등학교 때는 소설이나 철학 책을 많이 읽었던 것 같다. 그런데 3학년이 되어서 막상 무슨 과로 진학할 것인지 정할 시점이 되었을 때 작가가 되기 위해 국문과나 영문학과로 진학하는 것에 의구심이 들었다. 많은 작가들이 문학을 연구하는 사람이었다기보다는 그저 삶을 치열하게 또는 진지하게 살면서 세상과 인간에 대한 이해가 깊어져 경험을 바탕으로 더 좋은 글을 쓰게 된 것 같았다. 헤밍웨이는 기자였고, 펄 벅은 대사인 아버지를 따라 중국에서 생활한 경험으로『대지』를 썼고, 생텍쥐페리는 비행기 조종사였기에 무한한 하늘을 날면서 위대한 감성을 키울 수 있었고 등등, 훌륭한 작가들은 대부분 자신의 일상을 열심히 살아간 사람들이었다. 결국 나는 한국 사회에서 적극적으로 살아갈 수단으로서 법조인이 되기로 하고 법학과를 선택했다.

내가 법대로 진학하겠다고 하자 집에서는 매우 놀라는 반응을 보였다. 그때 어머니께서 이런 이야기를 하셨다.

"네가 문과에 가겠다고 했을 때, 어쩌면 법대 간다고 하겠구나 하는 생각이 들긴 했는데……."

그러시더니 처음으로 다음과 같은 이야기를 들려주셨다.

이웃집 아저씨, 노 변호사님

내가 초등학생 때, 그러니까 거의 25년 전 이야기이다. 우리는 당시 부산 광안리 해변이 붙어 있는 남천동 비치 맨션이라는 아파트 단지에 살고 있었다. 부모님은 당시 30대 후반이셨고 아버지는 인생의 전환기를 맞이하고 있었다. 아버지는 국립 해양대학교를 졸업한 뒤 오랫동안 기관장 생활을 해오셨다. 당시 해양대학은 해운업을 지원하는 국가 시책으로 인재들을 국비로 모았기에 인기가 있었고, 졸업생들은 꽤 좋은 대우를 받았다고 한다. 한 2년간 월급을 모아 집을 장만할 수 있었다고 하니 부모님은 알뜰하게 돈을 모아 10여 년 만에 꽤 되는 목돈을 마련할 수 있었다.

그즈음 아버지는 몇 번의 죽을 고비를 겪고 해상 생활에 대해 회의가 생기던 차, 광안리 해변을 산책하다가 우연히 호텔 부지를 발견했다. 사실 30대 후반이라고는 하나 아버지는 배만 타셨고, 어머니는 원래 초등학교 교사였는데 결혼하면서 주부 생활만 하셨으므로 사회에 대해 거의 순진무구하다고 할 수 있었다. 무모하다고밖에 할 수 없는 단순한 용기로 아버지는 그동안 모아두었던 전 재산을 털어 광안리 해변에 있는 호텔 부지와 사업권을 매수하고 사업가로 변신을 꾀했다.

그런데 매도인이 평범한 사람이 아니었다. 환갑이 넘은

할머니였는데, 계약금과 중도금을 다 받고도 중도금을 받지 못했다며 계약을 해지하면서 송사가 벌어진 것이다. 어이없는 일이긴 하지만 당시에는 계좌로 이체하기보다는 그냥 현금을 주고받는 일이 많았고 그래서 부모님은 막도장 찍힌 영수증 하나 받고 거금을 지불했는데, 그 할머니는 그런 도장을 찍어준 적이 없고 그 글씨도 자기 것이 아니라며 오히려 사문서위조죄로 고소하겠다고 으름장을 놓았다. 아버지의 사업가로서의 변신은 석 달도 채 못 되어 위기를 맞았다.

마침 그즈음 유치원생인 내 여동생 친구 하나가 바로 윗집에 살면서 우리 집에 자주 놀러 오곤 했다. 그 애의 오빠란 녀석은 꼭 여동생을 따라 우리 집에 같이 와서는 내 방에 있는 책들을 꺼내 읽으면서 혼자서 실컷 놀다 가곤 했다. 나는 초등학교 4, 5학년쯤이었고 그 애는 1, 2학년이었던 것 같다. 그 애는 내 방에 자기 것보다 수준이 좀 있는 책들이 있으니 한번 와보고는 "우와, 책 많다. 재밌는 거 진짜 많네!" 하면서 신이 나서 이것저것 다 꺼내 보았다. 가끔은 내 침대에 벌러덩 누워서 조금 자다가 일어나서 또 보았는데, 자기 집과 구조가 똑같아서 더 그랬는지 마치 자기 집처럼 굴었다. 그러다가 목이 마르면 그냥 부엌에 가서 냉장고 문을 열어 물도 마시고 내 우유도 마시는 등 한마디로 매우 넉살 좋은 애였다. 나는 황당하기도 하고 좀 웃기기도 하여 그냥 내버려 두었다.

어느 날 아버지가 친구 같지도 않은 모르는 남자애가 내 방 침대에 누워서 책을 열심히 보고 있는 것을 보시고, 그 애를 불러 세우셨다.

"이 녀석, 뉘 집 자식인데, 쪼그만 녀석이 누나 방에 누워서 뒹굴뒹굴하고 있느냐?"

눈을 부릅뜨고 말씀은 그렇게 하셨지만 아버지 얼굴에는 귀여워하시는 표정이 역력했다. 우리 집은 딸만 셋이었기 때문에 아버지는 엘리베이터나 동네에서 남자아이들을 보시면 마치 탐 나신다는듯 볼을 꼬집거나 머리를 쓰다듬으며 "고것 참 귀엽다"고 말하곤 하셨다. 녀석은 화들짝 놀라 일어나 앉으면서도 눈치는 빨라서 전혀 주눅 들거나 하지 않고 씨익 웃으며 큰 소리로 이렇게 대답했다.

"네, 저는 바로 윗집에 사는 노건호입니다. 저희 아버지는 텔레비전에 나오는 홍 변호사[1]보다도 더 훌륭하시고 더 유명하신 노 변호사입니다."

아버지는 그날 저녁, 술 한 병을 사들고 윗집으로 올라가셔서 법률 상담을 받으시고 변호사 선임을 하셨으니 그분이 바로 당시 판사를 그만두고 변호사 일을 시작한 지 얼마 안 된, 그리고 그로부터 20년 뒤 대통령이 되신 30대의 젊은 노무현 변호사이다.

---

1 당시 흥행하던 MBC 드라마 〈홍변호사〉(1980. 3. 6. ~ 1980. 8. 30.) 속 주인공이다.

나로서는 그 당시 우리 집에 송사가 있었는지조차도 모르고 있었는데, 어머니께서는 내가 고3이 되어 법대에 가겠다고 하자 문득 그때 일이 생각나셨는지 그 당시 아버지가 건호 덕분에 노무현 변호사를 알게 되어 소송을 진행했던 이야기를 처음으로 들려주신 것이다.

재판에서는 과연 정직한 사람이 이길까?

소송은 그리 쉽지 않았다. 우리 측 입장에서 보면 그렇게 명백하게 억울한데도 증거재판주의 원칙하에서 이쪽저쪽 이야기를 다 들으면, 증거 없이는 이길 수 없는 것이 소송이다. 그 매도인이 젊은것들이 늙은이를 우롱한다는 둥 하면서 누가 허술한 막도장 영수증 한 장 받고 아무 증인도 없이 그 거금을 주겠냐며 법정에서 펄펄 뛰고 울면서 쓰러지기까지 하면, 노무현 변호사님은 영수증을 증거로 제출하면서 우리가 중도금을 주고 영수증을 받은 것이 맞다고 주장하는 것 외에는 달리 뾰족한 방법이 없었다. 결국 매도인은 중도금 영수증에 찍힌 막도장이 위조라면서 사문서위조죄로 부모님을 고소하려는 제스처까지 보였다. 막도장 또한 원래 매도인이 계약서에 썼던 도장과 완전히 달랐으며 아무나 새길 수 있는 문양이었기에 결국은 제1심에서 우리가 패소하고 말았다.

선고가 있던 날, 노 변호사님은 퇴근 후 술에 약간 취한 상태로 저녁 늦게 우리 집에 들르셨다. 재판 때문에 알게 되었지만 부모님과 노 변호사님 부부는 이웃사촌으로 어느 정도 가까운 사이가 되셨다. 다소 풀이 죽은 모습으로 우리 집에 오셔서는 부모님께 정말 죄송하다고, 최선을 다했는데 자기 능력이 부족했노라고 말씀하셨다.

그때 부모님은 우리가 돈을 준 것이 분명한데 재판에서 질 수 있다는 것을 도저히 이해할 수 없었다고 한다. 정의는 반드시 승리하고 재판에서는 흑백이 명백히 가려질 것이기에 소송만 하면 정직한 사람이 구제받는 줄 아셨단다. 그래서 처음에 패소했다는 이야기를 들었을 때 도저히 납득이 가지 않았고, 노 변호사님으로부터 증거재판주의가 어떠니 입증책임이 어떠니 하는 설명을 듣고서도 그럼 항소해서 다시 한 번 해보자고 말씀하셨다. 그랬더니 노 변호사님은 솔직히 말씀드려서 더 유리한 증거가 없는 이상 항소심에서도 이길 자신이 없노라고 대답하셨다.

"우리가 중도금을 준 것이 분명하니 반드시 증거를 찾을 수 있을 겁니다. 아무리 본 사람이 없다고 하더라도 이 세상에 비밀이 있을 수 없으니 신념을 가지고 한번 찾아보세요. 노 변호사님, 우리를 믿으시지 않습니까. 우리가 안 주고도 주었다고 할 사람들 같습니까?"

"맞습니다. 그러니까 저도 답답하지요. 저도 감이 있습니다. 분명히 상대방은 거짓말쟁이입니다. 그런데 판사들은 감으로 판단하지 않습니다. 감으로 판단해서도 안 되고요. 더 확실한 증거를 찾지 못한다면, 항소하나 마나입니다."

그동안 모은 전 재산이 공중분해되는구나, 하는 순간이었다.

"노 변호사님, 어쨌든 일단 항소는 해야겠습니다. 힘을 내서 항소심을 다시 맡아주세요. 항소하면서 연구하면 분명히 증거를 찾을 수 있을 것입니다. 우리가 지금 없는 일을 있다고 하는 것이 아니라는 사실은 믿으시지 않습니까?"

그러자 노 변호사님은 한참 동안 아무 말씀이 없으시더니 어렵게 말씀을 꺼내셨다.

"저는 두 분을 믿습니다. 그런데 세상은 못 믿겠습니다. 재판을 보면 반드시 정의가 승리하지는 않거든요. 그리고 저 자신도 못 믿겠고요. 이 상황에서는 항소에서 이길 자신이 없습니다. 죄송합니다."

부모님은 기가 막혔다. 그래서 마지막으로 그럼 아무런 방법도 없이 여기서 그냥 항소를 포기하란 말이냐고 되물었더니, 노 변호사님이 이렇게 말씀하셨다.

"정말 유능한 변호사님이 계신데 혹시 어쩌면, 그분이라면 증거를 찾아낼 수 있을지도 모르겠습니다. 사실 저는 이제 변호사 일을 시작한 지 얼마 되지 않아서 그런지 판사 입장을 너무 잘 아니까 안 된다고 생각하지만, 그분은 상당히 경험도 풍부하시고 사건을 다루시는 것이 남다른 데가 있더군요. 그래서 아마 지금 부산에서는 제일 바쁘신 변호사님일 겁니다. 두 분이 허락해주시면 제가 그분한테 직접 항소심을 부탁해보겠습니다."

부모님은 흔쾌히 승낙하셨고, 노 변호사님은 직접 그 유능한 변호사님에게 항소심을 부탁하셨다. 부모님은 그때 노 변호사님이 제1심에서 패소하긴 하였지만 스스로를 변명하거나 내세우지 않고 솔직하게 물러나면서, 진심으로 의뢰인 입장에서 생각하여 다른 유능한 변호사를 직접 섭외해주는 모습을 보고 인간적으로 더욱 신뢰하게 되었다고 한다.

한편, 노 변호사님이 추천하신 분은 이성암 변호사님이었는데 선임부터 문제가 생겼다. 노 변호사님이 사건 내용을 설명하면서 선임을 부탁드리자 이 변호사님은 내용을 들으시더니 너무 어려운 사건이라며 맡기를 거절하셨다는 것이다. 내용은 단순하지만 돈을 주는 것을 본 증인이 없음이 명백하고 막도장 찍힌 영수증 하나는 증거로서 신빙성이 없는 것으로 판명된 데다 이를 뒤집지 않고는 도저히 이길 수가 없어서 질 것이 분명한 사건을 맡고 싶지는 않다고 하신 것이다. 질 것이 분명한 사건은 맡지 않는 것이 정신 건강에 이롭다. 그런 사건은 맡은 즉시 후회하게 되고 사건이 끝날 때까지 마음이 찜찜한 법이다. 나도 질 것이 분명하다고 생각되는 사건은 맡지 않는 것을 원칙으로 삼고 있다.

노 변호사님으로부터 선임을 거절당했다는 소식을 들은 부모님은 크게 낙심하셨다.

그런데 어머니는 그분 성함이 이성암 변호사라는 말을 듣고는 불현듯 스치는 생각이 있었다. 어머니는 그 길로 이성암 변호사님 사무실을 찾아가셨다. 이 변호사님이 마침 계시지 않아 어머니는 사무장님에게 이렇게 말씀하셨다.

"이성암 변호사님한테 전해주세요. 혹시 10여 년 전에 아주 중요한 소송서류를 잃어버렸다가 찾으신 적이 있으실 텐데, 기억하신다면 저한테 연락 부탁드린다고요."

그리고 어머니는 연락처를 남겨놓고 오셨다. 어머니는 10년이 넘게 지난 일이라 잊어버리고 있었는데, 갑자기 '이성암'이라는 이름을 듣는 순간 생각이 났던 것이었다.

이성암 변호사

내가 돌박이였을 때 일이다. 어느 여름날 저녁, 날은 후덥지근하고 아버지가 퇴근하실 무렵이라 어머니는 나를 등에 업은 채 언니 손을 잡고 대문 밖으로 나섰다. 바람도 쐴 겸 아버지 마중 겸해서 동구 밖으로 슬슬 걸어 나오는데 길가에 웬 보따리가 떨어져 있는 것이 눈에 띄었다. 서류 더미 같았는데 누가 버린 것 같지는 않고 해서 살짝 들여다보니 뭔가 중요한 서류 같았다고 한다. 그걸 집에 들고 와서 살펴보니 어느 변호사가 쓴 변론 준비서면과 각종 증거서류들이었다. 그래서 어머니는 다음 날, 날이 밝자마자 변호사 이름만 가지고 여기저기 수소문하여 사무실을 찾아냈다. 어머니께서 그 서류 보따리의 주인을 알아내 사무실에 전화를 했을 때, 사무실에서는 그 소송서류를 잃어버려 난리가 난 상황이었고, 그걸 주운 사람인데 가져다드리겠다고 했더니 너무나 고마워했다. 어머니가 사무실에 보따리를 가져다드리고 나오려니까 사무실에서는 사례를 꼭 해야 한다면서 변호사님에게 전할 연락처를 가르쳐달라고 했다. 그때 어머니는 '당연한 일을 한 건데 무슨 사례 받을 게 있담' 하면서 수차 요청하는데도 한사코 연락처를 남기지 않고 뒤도 돌아보지 않고 집으로 오셨단다. 그래서 그 변호사님 얼굴은 보지 못했지만 보따리 주인의 사무실을 찾느라 애쓴 덕에 '이성암'이라는 이름을 기억하고 있었다. 그러고는 10여 년이 흐른 것이다.

  10여 년 만에 그 사무실을 다른 이유로 다시 찾아가게 되어 이번에는 연락처를 남겨놓으셨고 며칠 뒤 이 변호사님 사무실에서 연락이 왔다. 어머니는 그 이름을 들은 지 10여 년 만에 이성암 변호사님을 직접 뵙게 되었다. 이 변호사님은 어머니를 만나자마자 마치 어제 있었던 일처럼 그 서류 보따리를 찾아주셔서 고맙다는 말부터 했다.

법조인들에게 사건 기록은 거의 생명과도 같다. 의뢰인들은 유일한 증거자료를 비롯한 모든 것을 변호사에게 맡기는데, 그것을 변호사가 분실해서 증거가 없어진다면? 생각만 해도 아찔하다. 판사나 검사가 기록을 잃어버린 경우에는 더 끔찍하다. 그 경우는 징계 사유도 된다.

이 변호사님은 그 당시 우리와 같은 동네에 살고 계셨는데, 주말에 집에 가서 처리하려고 서류 보따리를 옮기다 하나를 떨어뜨렸던 모양이었다. 워낙 복잡한 사건이라 서류 보따리가 여러 개였고 잃어버린 것에는 정말 중요한 증거서류들이 많아서 눈앞이 캄캄했다고 한다. 그래서 사무장이 확성기로 "서류 보따리를 찾습니다. 습득하신 분은……" 하면서 차를 타고 동네를 몇 바퀴 돌기까지 했다고 한다. 사무실에서 누군가가 찾아주고 갔다는 말을 들었을 때, 정말 사례로 억만금을 주어도 아깝지 않을 것 같았는데 어떤 젊은 부인이 연락처도 남기지 않고 총총히 사라졌다고 하니 너무나 고맙고도 아쉬워서 잊지 않고 있었던 것이다. 그런데 연락처도 남기지 않고 갔다가, 10년이나 지나서 다시 나타나 그때 일을 말하니 무슨 일인가 싶었을 것이다.

"변호사님, 얼마 전 노무현 변호사님으로부터 사건 하나 소개받으셨는데 거절하신 적 있으시지요. 그 사건 당사자가 바로 저희 부부입니다. 저는 10년 전에 변호사님 서류 보따리를 찾아드리면서 그깟 일로 사례를 받는다는 것을 부끄럽게 여길 정도로 순진하게 세상을 살아왔습니다. 지금도 마찬가지입니다. 그에 대한 사례를 받겠다는 것이 아니라 변호사님이 저희들의 순수한 마음을 믿으신다면, 저희 사건을 해결할 방법을 꼭 찾으실 수 있다고 생각하기에 다시 한 번 선임을 부탁드리려고 왔습니다."

어머니의 이 말씀에 이 변호사님의 마음이 움직여 우리 사건을 맡아주셨다.

과연, 이성암 변호사님은 남다른 데가 있었다. 이성암 변호사님은 부모님에게 이 사건 호텔 부지를 매입하게 된 경위부터 계약금 및 중도금을 지불한 내용, 상황 등을 세세하고 시시콜콜한 것까지 다 질문하셨다. 특히 매도인의 성향이나 매도인과 있었던 일들은 계약 당시의 일뿐 아니라 그 사람에 대한 소문, 그 사람의 신상, 인적 관계 등 우리가 알고 있는 것이라면 하나도 빠뜨리지 않고 자유롭게 이야기하도록 하시고 아주 주의 깊게 경청하셨다. 송사가 벌어지고 난 뒤에야 알게 된 사실인데 매도인은 원래 화류계 여자였다고 한다. 나이가 들자 이것저것 손대보지 않은 사업이 없었고, 사위가 마이너급 신문의 기자로 있었는데 소위 해결사 역할을 많이 했다고 한다.

결론부터 미리 이야기하자면, 우리는 항소심에서 승소했다. 사건과 동떨어진 별것 아닌 사실들에서 이성암 변호사님이 힌트를 얻어 증거를 찾아내신 것이다. 이 변호사님은 그 할머니 주소지의 관할 경찰서를 중심으로 우리가 받은 영수증의 날짜 전후부터 거슬러 그 할머니 이름으로 제기된 고소장을 모두 뒤졌다. 이 변호사님은, 그 할머니가 산전수전 다 겪고, 사위를 해결사로 대동하고, 이것저것 사업을 벌인 사람이라면 법원과 경찰, 검찰 또한 무수히 드나들었을 사람이라고 생각했다. 우리 사건의 경우도 통상적인 경우는 계약이 이행되기만 하면 되었지, 송사가 벌어질 이유가 없는 일이지 않은가. 정말 그 할머니는 우리와 송사를 벌이기 전후로 수 건의 고소장을 접수했는데, 그중 하나에 우리에게 준 영수증에 찍힌 것과 똑같은 그 막도장을 찍은 것이었다!

나는 이 이야기를 듣고 신선한 감동을 받았다. 이성암 변호사님의 유연하고 창의적인 사건 해결 능력은 우리 변호사들에게 꼭 필요한 덕목이다. 그런데 이것은 단순한 창의력의 문제만은 아니다. 사건 보따리 덕분에 이성암 변호사님은 의뢰인에 대해 신뢰를 갖게 되었다. 그리고 그 의뢰인을 꼭 도와주고 싶은 마음이 생겼다. 부모님이 거짓말을 할 사람들이 아니라는 것에 대한 신뢰가 있었기에, 도와주고 싶은 마음이 있었기에 불가능해 보이는 상황에서도 사건을 선임했고, 그래서 반드시 증거를 찾을 수 있을 것이라 믿으

며 주의 깊게 이야기를 경청하고 상상력을 발휘할 수 있었
다. 창의적인 해결 능력 역시 변호사와 의뢰인 사이의 신뢰
와 애정을 그 자양분으로 삼는다는 것, 지금 변호사인 나 역
시 사건을 해결하면서 항상 느끼는 점이다.

" 법정은 겉으로 보기엔 단조롭지만
　공방, 수사, 변론 활동을 통해서
　다양한 관점과 가치관들이 서로 부딪치거나,
　당사자들의 인간에 대한 이해나
　사건을 보는 관점이 어떠냐에 따라
　재판의 방향이 휙휙 달라지지 않습니까?"

2장

변호사 10인을 찾습니다

잊지 못할 변론을 찾아서

내가 처음 이런 책을 만들어보겠다는 아이디어를 내자, 남편은 왜 아직 한국에 그런 책이 없었는지 이해가 되지 않을 정도라며 얼른 쓰라고 재촉했다. 나도 이 책이 너무 재밌을 것 같아서 어떻게 쓸 것인가를 구상하느라고 즐겁게 잠을 설쳤다. 그리고 당장 다음 날 1탄 「사건 보따리와 막도장의 진실」을 후다닥 써서 주위 사람들에게 보여주었다. 다들 너무 재밌고 감동적이라는 반응을 보였고, 나는 한껏 고무되어 내친김에 또 2탄 「워킹 홀리데이」를 쉬엄쉬엄 써서 그 주말에 하나 완성했다. 이대로라면 한 달에 책이 한 권씩 나올 기세였다. 하지만 단순히 나의 경험만을 쓰자는 것이 아니라 나를 비롯한 다른 변호사들의 일과 관련된 경험을 모아 그를 통해 드러나는 인간의 본질과 변호사의 덕목에 대해 생각해볼 거리를 주는 책을 만들고 싶었기에, 내 사건만 가지고는 책을 완성할 수 없었다. 열두 개 정도의 이야기를 모으면 원하는 책 한 권이 될 것 같았다. 앞으로 10인의 변호사를 찾아야 하는 것이었다.

'열정과 지혜를 가지고 사건을 처리해온 변호사 10인을 찾습니다.'

나는 속으로 이런 광고문을 내걸고 우선 내가 아는 주변의 변호사들 중에서 평소에 변호사 일을 재미있게 하고 있다고 생각되는 사람들에게 전화를 돌렸다. 그 일주일 동안 변호사와의 점심 또는 저녁 약속을 대여섯 개 잡았다. 일주일 뒤, 나는 의욕이 완전히 꺾였다. 한 선배님은 변호사 일을 그만두고 더 재미있어 보이는 영화사 대표가 되어 있었다.

"나중에 멋진 법정영화 한 편 만드는 것이 제 소망입니다."

어느 신문사 인터뷰에서 그 선배님이 하신 말씀이다. 내가 오히려 먼저 책을 써서 선배한테 영화 소재로 쓸 만한 게 있는지 제공해야 할 판이 되었다. 한 후배는 마침 내가 전화하려고 했을 때 먼저 전화를 걸어와 금융감독원으로 자리를 옮겼다고 말했다. 더 이상 자유 전문직이 아니라 준공무원이 되려고 한 것이다.

"요즘처럼 전문직이라도 전문, 특화를 따지는 때에 금융 전문 변호사가 되는 것도 나쁘지 않잖아요. 더 늦기 전에 저도 특화할 만한 경력을 덧붙여놓아야지요."

　검사 생활 5년을 마치고 변호사가 된 2년 동안 주로 형사 사건만 70~80건 처리했다는 연수원 동기에게 희망을 걸었다. 뭐니 뭐니 해도 형사소송 변론이 변호사의 전통적인 업무이자 꽃이 아니던가.

　"사건을 많이 하긴 했지만, 특별히 기억에 남는 건 없는데……."

　"사건을 처리하면서 피고인에게 감동받았다던가, 너무 변론을 잘해서 무죄판결을 받아냈다던가, 너도 스스로 너무 보람찼다던가 뭐 그런 사건 있을 거 아냐?"

　"그게 말이지, 나는 전관이라 주로 법정까지 갔던 사건보다는 검찰 단계에서 해결한 사건들이 많고, 또 법정변론까지 갔어도 대부분 벌 받을 만한 사람들이 응분의 벌을 받으니까 말이지. 그리고 검찰이 바보냐. 검찰이 공소한 게 그렇게 쉽게 무죄가 나오게."

　연수원 졸업 성적 4위, 국내 최대 로펌에 들어간 연수원 동기 변호사를 만났다. 그동안 변호사로서 한 일 중에 재미있었던 사건을 토해내라고 다그쳤다.

　"저는 송무[1] 안 하잖아요. 클라이언트를 직접 만나는 일도 드물고요."

1　변호사 업무는 의뢰인을 대신해서 법정에 서고 서면을 써서 법원에 제출하는 소송대리 업무가 대표적이지만 그 외에도 계약 체결을 대리하거나 회사 합병, 매각 등 각종 거래에 분쟁이 생기지 않도록 법적 이슈를 미리 검토하는 등의 다양한 업무가 있다. 그래서 특히 소송대리 업무를 구분해 송무라고 한다.

"송무 아니라도 뭐 그럼 기업 간의 분쟁이 전투적으로 전개되다가 변호사가 잘해서 드라마틱하게 타결되었다든가 뭐 그런 거 있을 수 있잖아."

"아직 제가 주도적인 위치가 못 되어서 말이죠……."

이래저래 다들 내가 생각하고 있던 콘셉트에 맞는 소재를 제공해줄 처지가 아니었다. 10인의 변호사, 사례 열 개를 모으기가 그렇게 어려운가. 생각보다 쉽지 않을 듯해 슬그머니 그만둘 참이었다. 마침 알고 지내던 기자가 변호사협회 잡지에 「나의 잊지 못할 변론」이라는 연재물이 있다고 귀띔해주었다. 나는 최근 3년치 변호사협회 잡지를 뒤져 하나씩 읽기 시작했다. 나름대로 다들 흥미로운 사건들이었지만 너무 전문적이거나 감동이 없었다. 그러다가 「죽음이 삶보다 쉬웠던 어느 피고인」이라는 제목의 글이 눈에 들어왔다. 소매치기와 마약으로 19년 동안 감옥을 들락날락했고, 네 번의 자살을 시도했던 어느 피고인을 변론한 변호사님의 글이었다. 짧은 글이었지만 한 남자의 신산한 인생이 재판 과정을 거치면서 삶에 대한 이해와 희망으로 변하는 과정을 엿볼 수 있었다. 최후 변론에는 피고인에 대한 깊은 이해와 동정심이 녹아 있었다.

이은경 변호사. 나는 이 변호사님을 한번 만나고 싶었다.

이은경 변호사

판사 생활 11년에 변호사 개업 5년차의 경력과 잡지에서 본 마약사범 변론기 등을 종합하여 나는 나름대로 이 변호사 님을 그려보았다. 다소 보수적인 분위기의 전통적인 법률 사무소와 차분히 일하시는 학구적인 모습을 상상했다.

찾아간 이 변호사님의 서초동 사무실은 예상외로 현대적 인 느낌을 주었다. 직원의 안내를 받아 사무소에 들어서자 유리벽으로 처리된 회의실이 눈에 들어왔다. 이 법률사무 소는 오전 일과가 끝나면, 점심 식사 전 30분 동안 잠시 구성 원 변호사들 사이에 회의를 하는지 회의실 안에는 변호사 들로 보이는 대여섯 명이 앉아서 회의 중이었다. 회의를 주 재하시는 분이 사진으로 보았던 이은경 변호사님인 것 같 았다. 흘끗 본 느낌으로는 학구적인 교수 타입이기보다 에 너지가 넘치는 기업의 최고경영자 같은 느낌을 주었다.

"곧 회의 끝날 겁니다. 잠깐 여기서 기다리시겠어요?"

회의실 옆 대기실에 앉아 잠시 기다리며 이미지라는 것이 사실 얼마나 사회 통념에 의해 근거 없이 생길 수 있는 것인 지에 대해 생각했다. 회의가 끝나고 이 변호사님과 나는 처 음 인사를 나누면서 사무실을 빠져나와 식당으로 이동했다.

"점심은 뭘로 할까요?"

우리는 마치 원래 알고 지낸 사람들처럼 편안하게 서초동 법조 타운의 일상을 벗어나지 않는 근처 적당한 식당을 골라 자리를 잡았다.

"제가 쓴 글은 아주 오래된 것 같은데 어떻게 그 글을 읽게 됐어요?"

나는 내가 쓰고 싶어 하는 책의 콘셉트에 대해 간단히 설명하면서 솔직하게 그 글을 접하게 된 경위를 말했다.

"변호사님이 쓰신 글이 짧아 구체적인 사건 경위나 변론 활동 같은 것은 잘 알 수 없었지만, 읽으면서 변호사님이 그 사건을 변론하실 때, 아주 몰두해서 열정적으로 변론하셨고 감동도 많이 받으셨을 거라는 생각이 들었어요. 그래서 그 사건을 다시 좀 더 구체적으로 쓴다면 사람들에게 변호사의 내면적인 경험을 잘 전달해서 감동을 줄 수 있는 좋은 글이 될 수 있을 것 같았어요."

"그래요. 그 사건은 사실 나에게 정말 잊지 못할 변론이 었지요. 제가 판사를 그만두고 변호사 개업을 하면서 첫해에는 정말 여러 사건을 의욕적으로 가리지 않고 많이 했어요. 그 피고인은 원래 제 의뢰인이 아니라 제 의뢰인의 공범이었어요. 제1심에서 제 의뢰인은 석방이 됐는데 그 피고인은 사선변호인이 없었고 석방되지 못했죠. 나중에 구치소를 통해 그 피고인이 나를 선임해서 항소하고 싶다는 의사를 전했어요. 당시 그 피고인이 네 번이나 자살 기도를 한 데다가 마지막 자살 실패의 후유증으로 제대로 걷지도 못하니까 구치소에서는 그 사람을 처치 곤란하게 여겼거나 불쌍하게 생각했겠죠. 사건 자체로는 항소한다고 해도 별로 승산이 없었어요. 동종 전과도 많았고, 그 사람 인생의 거의 반평생인 19년 동안 전반부에는 소매치기, 후반부에는 마약으로 한 번의 집행유예도 없이 실형 선고만 받으며 거의 교도소에서 보냈으니까요."

그리고 실제로 항소심 결과도 좋지 않았다. 항소는 기각되었고, 그는 이은경 변호사님의 열정적인 변론의 보람도 없이 다시 감옥에서 몇 년을 보내야 했다. 그러나 구원은 다른 곳에서 왔다.

"신 변호사님, 혹시 종교적인 배경이 있으신가요?"

"저는 가톨릭 신자입니다."

"그렇군요. 저는 기독교 신자예요. 그 피고인은 이 사건 수감 직전에 마약 사범을 대상으로 목회를 하시던 어느 목사님을 알게 되어 신앙을 접하게 되었어요. 그리고 항소심 결과는 좋지 않았지만, 목회 활동이나 변론 과정이 그에게는 좋은 영향을 미쳤던 것 같아요. 그 재판 이후 거의 7년이 지났는데 지금까지 재범도 자살 시도도 없어요."

"그렇다면 재판의 결과가 아주 좋은 것이군요."

정신과 치료 기법 중에 상담 치료라는 분야가 있듯이, 변론 치료라고 하면 과장일까? 누군가 자신의 심정을 대변해주는 것만으로도 당사자의 오랜 한은 한결 가벼워질 수도 있는 것이다. 그리고 범죄를 일으키는 근원에는 상처가 있고 상처를 치유하는 것이 범죄의 유혹을 뿌리칠 힘을 갖기 위한 첫 단계다.

"그건 그렇고, 신 변호사님. 그럼 제가 무얼 더 도와드리면 되나요. 사건 기록이 필요한가요?"

"제가 쓰고자 하는 것은 사건 자체에 관한 것은 아닙니다. 엽기적 살인 사건이나 정치적 비리 같은 사회적으로 이슈가 되는 사건들을 다루는 건 기자들의 몫이죠. 저는 변호사 생활을 하면서 우리나라 법정에서 일어나는 일들이 참 흥미롭게 진행된다는 것을 알게 되었습니다. 법정은 겉으로 보기엔 단조롭지만 공방, 수사, 변론 활동을 통해서 다양한 관점과 가치관들이 서로 부딪치거나, 당사자들의 인간에 대한 이해나 사건을 보는 관점이 어떠냐에 따라 재판의 방향이 휙휙 달라지지 않습니까? 한 사람의 인생이 걸린 문제인데, 요즘 가끔 재판부가 안이하게 기계적으로 사건을 보고 처리하는 것들에 대해 갑갑한 적이 몇 번 있었어요. 물론 법원은 한 번 기일에 60여 건을 처리하니까, 한 사건을 한쪽 입장에서 완전히 이해하고 사건을 바라보는 변호사들과는 같은 심정이 될 수가 없겠지만요. 그래서 사건 자체보다는 사건을 통해 드러나는 변호사, 판사, 검사 각 당사자들의 관점이나 가치관을 한번 들여다보고 싶었어요. 그런 관점들이 가장 치열하게 부딪치는 곳이 바로 변론이 이루어지는 법정이고 그 승패가 판결문에 나오잖아요. 그래서 치열하게 싸웠던 변호사의 가치관이나 변론 활동이 제가 주목하는 소재인 거죠. 이 변호사님은 그 피고인을 변론하실 때 제1심 판결이 어떤 점에서 부당하다고 생각하셨나요?"

"법원이 지나치게 온정주의적으로 흐르는 것도 문제지만, 그 피고인의 경우 네다섯 살 무렵 서울로 이사 오다가 그만 가족을 잃어버렸어요. 그래서 오로지 배고픔을 면하기 위해서 하루하루를 살았어요. 역전에서 구걸로 연명하다가 소매치기 일당들에게 붙잡혀 매 맞아가면서 소매치기 기술을 배웠어요. 그다음부터는 교도소를 들락날락하게 되었는데, 전국 마약사범들이 집결해 있는 공주교도소에 이송된 후 마약사범과 친구가 되어 그만 마약까지 하게 되었죠. 그리고 범죄를 저지를 때마다 한 번의 집행유예도 없이 계속 실형만을 선고받았어요. 그 사람의 인생에는 가족의 보살핌이나 용서라는 것이 없었던 거예요."

"……."

"저는 그동안 아주 다이내믹한 경험을 많이 했어요. 그리고 나 자신에 대해서도 과연 나라고 해서 그렇게 도덕적이고 선한 사람이라고 할 수 있을지 고민하게 됐어요. 저는 인간은 모두 죄인이라는 것이 맞는 것 같아요. 과연 내가 피고인의 처지였던들 무엇이 크게 달랐을까 하는 것이 저의 기본 생각이었어요."

이은경 변호사님은 자신을 완전히 피고인 입장에 세운 것이다. 문득 우스갯소리로 들었던 어떤 법정 에피소드가 생각났다.

정말 파렴치하고 잔인한 범죄를 저지른 어떤 피고인을 변론하게 된 변호사가 있었다. 선임할 당시에는 정확히 몰랐는데, 재판이 진행되면서 피고인의 거짓말이 하나하나 드러났고 결국은 피고인이 저지른 범죄행위가 너무 가증스러운 것이었음을 알게 되자 이 변호인은 그만 변론을 포기하고 싶어졌다. 최후 변론할 차례가 되자 그는 정말 무슨 말을 해야 할지 머릿속이 캄캄했다. 그는 일어나긴 했으나 할 말이 없었다. 결국 그의 입에서 나온 한마디는 "존경하는 재판장님, 피고인을 엄벌에 처해주시기 바랍니다"였다.

누군가를 판단하는 것과 누군가를 이해하는 것은 과연 양립 가능한 것인가? 죄는 미워하되 사람은 미워하지 말라고 했다. 그 사람의 범죄행위는 판단의 대상이고 그 사람은 이해와 용서의 대상이라고 한다면 지나친 궤변인가. 물론 행위에 대한 책임을 지워야 하겠지만 그 사람이 어떤 처지에 있었는지에 대한 이해를 생략한 채 그 행위와 사람을 동일시하여 '나쁜 놈'이라고 하고 자신을 반대편에 세워둔다면 그는 한 사람의 피고인도 변호할 수 없을 것이다. 그런 점에서 변호사는 자기 자신을 비롯한 인간에 대한 이해를 깊이 있게 철저히 추구해야 할 필요가 있다. 이런저런 생각을 하고 있을 때 이 변호사님이 불쑥 이런 말을 덧붙였다.

"사실, 나는 유영철도 잘 변호할 수 있을 것 같아요."

"예?"

순간 나는 약간 당황했다.

"왜요? 신 변호사님은 못하실 것 같아요? 저는 유영철도 변론거리가 많을 것 같아요. 저는 개업 첫해에 다양한 사건을 많이 했어요. 그러면서 여자 변호사가 할 것 같지 않은 사건들, 통념을 깨는 변론도 많이 했죠. 이런 사건도 있었어요. 강간상해죄로 집행유예, 또 강간상해, 동종 전과가 두 번이나 있었는데 결국 벌금형을 선고받았어요. 물론 일부 무죄를 받았으니까 가능했지만요."

아무리 변호사의 관점이 옳고 변론을 잘해도 재판부를 설득하지 못하면 소용이 없는 법이다. 도대체 어떤 사건을 어떻게 변호했기에 강간상해 전과범이 벌금형으로 나올 수 있었을지 궁금해졌다.

"그 사건은 정말 사건 자체로 흥미롭네요. 변론을 정말 잘하셨나 봐요. 그 사건이야말로 어쩌면 후배 변호사들에게 모범이 될 만하겠어요."

우리는 둘 다 이후 일정이 있었다. 일단 그날 자리는 정리하고 다시 만날 날을 기약하고 헤어졌다. 모처럼 뿌듯한 자리였다. 드디어 열 명의 변호사 중 한 명을 찾은 것이다.

다크 사이드

그날 이후 그동안 잠시 잊고 있었던 변호사 역할에 관한 전통적인 딜레마에 대해 생각하게 되었다. "유영철도 잘 변론할 수 있을 것 같다"는 이 변호사님 말씀은 나에게는 약간 도전이 되었다. 나는 연수원을 졸업할 때까지만 해도 당연히 사형제도 폐지론자였다. 사형제도의 잔인성, 무가치성, 책임 회피성 등 사형제도 폐지론의 근거를 들라면 수십 가지라도 댈 수 있었다. 그런데 실제로 변호사가 된 뒤에는 '당연'이라는 것이 빠지고, 폐지론자라는 이름도 붙일 자신이 없어졌다. 여전히 사형제도가 인간을 구원하지 못할 뿐 아니라 또 다른 살인으로 국가가 개인을 대신해서 복수하는 것이라는 생각은 하고 있지만, 유영철 같은 연쇄살인범에 대해서 피해자들의 오열을 뒤로하고 국가는 어쨌든 용서한다는 것이 사실 쉽게 받아들여지지는 않는다. 유영철이 연쇄살인범이 된 것은 사회적 책임도 있는데, 그 개인에게 모든 책임을 돌리는 것은 부당하다는 폐지론의 논거도 일리는 있지만, 그렇다면 개인이 책임져야 할 부분이 어디까지인가로 따져 들어가면 사회에 모든 책임을 돌리는 것 또한 인간의 자유의지 측면을 지나치게 과소평가하는 것이 아닐까.

한때 나는 어떤 계기로 사형제도에 대해 진지하게 고민해본 적이 있었는데, 어떤 확신에 찬 결론을 얻기에는 한계

가 있었고, 결국은 사회 구성원의 선택과 결단의 문제이지
옳고 그름의 문제는 아니라는 생각을 하게 되면서 그 주제
에 대해 잊어가고 있었다.

어쨌든 사형제도가 존재하고 있고 유영철의 잔인한 연쇄
살인 행위가 현재 우리나라의 사법제도 아래에서는 사형
에 해당하는 것은 분명하다. 양형 참작 사유로 그 사람의 성
장 배경이나 상처, 경험 등이 사형을 면하게 할 만할까? 그
누구였더라도 유영철의 입장이었다면, 유영철의 생물학적
유전자를 가졌더라면 연쇄살인범이 되었을 것이라고 할 수
있을까. 그런 것들이 변론거리가 될까? 그래서 사형을 면할
수 있을까? 유영철이 사형을 면하는 것도 그렇지만 만일 강
간상해 사실이 분명한데 그가 벌금형으로 나온다면, 피해
자 입장까지 고려했을 때 그 판결은 정의롭다고 할 수 있을
까? 그것이 변호사가 너무 변론을 잘해서 나온 결과라면 변
호사는 정의 실현에 있어 어떤 역할을 한 것일까?

"이은경 변호사님 인터뷰 어땠어?"
내가 쓰는 책에 나보다 더 관심이 있는 남편이 물었다.
"응, 역시 예상대로 보람이 있었어. 변호사 이야기 3탄 벌
써 쓰기 시작했어."
"어떤 이야기야?"
나는 소매치기, 마약 사범으로 19년 동안이나 교도소를

들락날락하다가 자살 시도를 반복했던 피고인의 이야기를 들려주었다.

"그리고 강간상해 전과범이 벌금형으로 나온 사건에 대해서 좀 더 쓸 거야. 아직 자료는 못 받았지만, 검사가 무기구형까지 했던 사건이니까 틀림없이 변론 과정이 흥미진진했을 거야."

"강간상해 전과범이 벌금형?"

"응, 대단하지? 그것 말고도 통념을 깨는 형사 변론 건이 많았대. 그리고 이은경 변호사님은 유영철도 잘 변호할 수 있을 거 같대."

남편은 고개를 갸우뚱하더니 "혹시 다크 사이드dark side 문제 있는 거 아니야?"라고 했다. 그러고 보니 남편도 나와 비슷한 생각을 하고 있는 것 같았다(남편은 세 살 때 미국에 건너가 로스쿨을 졸업하고 뉴욕에서 변호사로 활동하다 한국에 온 지 14년째인 미국 변호사다). 형사소송에 있어 전형적인 당사자주의[2]를 취하고 있는 미국에서는 일찍이 '진실의 발견'과 '의뢰인의 이익' 사이에서 무엇을 우선시할 것인지가 변호인의 윤리적 딜레마로 논의되어왔다. 즉 쉽게 말해 변호인이 의뢰인을 위해서 재판에서 유리한 판결을 받기 위해 의뢰인이 거짓말을 하거나 진실을 숨기는 것을, 적극적으로는 아니더라도 침묵함으로써 도와주는 것이 허용되

---

2 법원이 주도권을 쥐는 직권주의와 달리 형사소송에서 법원이 소송의 주도권을 당사자에게 주는 소송 형식을 말한다.

는지에 관한 문제라고 할 수 있다. 이에 대해서 진실의 발견과 의뢰인에 대한 충성 중 어느 것이 우선한다고 보느냐에 따라 두 가지 다른 입장이 있는 것이다.

의뢰인에 대한 충성이 우선한다는 입장의 논거는 재판에서 진실 발견은 절대적인 가치가 아니고 개인의 존엄이 더 우위의 가치라고 보는 것이다. 형사소송에 있어 피고인의 무죄추정 원칙이나 변호사를 이용함으로써 평등권을 실현할 수 있는 권리는 개인의 존엄을 위한 권리에 속하기 때문에 의뢰인에 대한 충성이 진실 발견보다 더 높은 가치에 봉사한다고 본다. 따라서 변호인의 의무는, 의뢰인에 대한 충성을 진실 발견보다 우선으로 하여야 한다는 것이다. 이 입장이 미국변호사협회의 공식적인 윤리장전이 채택하고 있는 입장이다. 최근에 그 반대 입장이 몇몇 비판론자들에 의해 제기되고 있기는 하지만 여전히 미국에서는 변호사가 진실 발견의 의무보다는 의뢰인에 대한 충성을 우선시해야 하는 것이 상식이고, 이것은 당사자주의를 취하는 이상 빛의 그림자처럼 어쩔 수 없이 받아들여야 하는 다크 사이드라고 하는 것이다.

"그래서 미국인 중에는 형사 변호사들을 안 좋게 보는 사람들이 많아. 형사 변호사들은 범죄자들을 위해 사람들을 속이고 있거나, 범죄자에게 속고 있거나 둘 중 하나라는 거지. 승소율이 높을수록 더 의심스럽게 보는 거야."

"글쎄, 아직 자료를 못 봐서 그 강간상해 전과범이 강간상

66

해를 했음에도 불구하고 증거불충분이나 양형 자료로 벌금형을 받은 것인지, 아니면 실제로 강간상해가 없었는데 지난 전과 때문에 억울하게 강간상해로 기소되었던 것을 법정에서 일부 무죄임을 밝혀낸 것인지 몰라서 말이야, 후자라면 다크 사이드 문제는 없는 것 같은데…….”

사실 변호사의 윤리적 딜레마 문제라면 우리나라는 미국과는 좀 경우가 다르다. 우리나라는 민사소송에서는 당사자주의와 유사한 변론주의[3]를 택하고 있지만, 형사소송에서는 직권주의[4]가 기본이고 당사자주의가 보충적으로 채택되어 있다고 할 수 있다. 그리고 아무리 무죄추정의 원칙이나 개인의 존엄성 등을 강조한다고 해도 판결이 진실과 어긋나는 것을 용인하는 것은 아마 한국인의 정서나 법 감정에는 맞지 않을 것이다.

우리나라에서는 미국과는 달리 변호사에게 공익성이 강조되어서, 의뢰인이 정당한 재판을 받을 권리를 실현할 수 있도록 돕는 것이 동시에 진실을 발견하여 정의를 실현하는 재판부를 돕는 것이기도 하기 때문에 제한 없이 허용되

3 민사소송에서, 소송의 해결 또는 심리審理 자료의 수집을 당사자의 권능과 책임으로 하는 주의. 당사자주의라고도 한다.
4 형사소송법상 법원에 권한을 집중시키는 주의. 소송에서 대립되는 각 당사자에게 자료 제출과 입증의 책임을 지우는 당사자주의의 반대개념. 민사소송에서는 직권주의보다는 당사자주의가, 형사소송에서는 직권주의적 요소가 더 많이 요구된다고 할 수 있다.

는 것이지, 만일 변호사가 의뢰인을 돕는 것이 진실을 은폐하여 재판을 오판으로 이끄는 것이라면 과연 무제한 허용될 수 있을지는 의문이다.

문득 남편이 갑자기 웃음을 터뜨리면서 미국의 유명한 형사 변호사의 에피소드를 들려주었다.

얼 로저스라는 변호사는 20세기 초반 미국에서 가장 유명한 형사 변호사 중 한 사람이었다. 그는 모두 77건의 살인 사건을 변호했는데 그중 유죄 인정을 받은 사건은 단 3건뿐이었다. 그는 의학적으로도 전문적인 지식을 갖추고 있어서 실제 피해자의 해골을 법정에 들고 나와 부검 의사의 부주의를 찾아내어 증거를 무력하게 만들어 피고인의 무죄를 받아내는 등 인상적인 변론을 많이 했다. 하지만 77건의 살인 사건 중 실제로도 유죄였던 사건이 정말 3건뿐이었을까? 어쩌면 77건의 살인 사건 중 실제로도 무죄인 사건이 3건뿐이고 나머지는 유죄였을 확률이 더 높지 않을까. 그의 지나치게 탁월한 변론 능력과 배심제도 덕분에 많은 살인자들이 부당하게 자유를 얻은 것인지도 모른다. 그럴 수도 있다는 것을 보여주는 유명한 에피소드가 있다.

찰스 무트리라는 한 남자는 카바레에서 우연히 만난 한 여자와 충동적으로 결혼을 했으나 곧 후회하고 다른 여자와 사랑에 빠지게 되자 부인을 죽였다. 그녀가 죽던 날 그 집에서 총소리가 나기 직전에 여자와 무트리가 큰 소리로 다투는 소리를 들었다는 이웃의 증언에 따라 무트리는 살인죄로 기소되었다. 무트리는 그녀가 자살했다고 주장했는데 그리 설득력 있어 보이지는 않았다. 얼 로저스는 무트리를 변호하기 위해 배심원들 앞에 나섰다. 그런데 그는 무트리에 대한 언급은 생략한 채 '결혼'에 대한 낭만적인 이야기로 변론을 시작했다.

> "그 잊을 수 없는 날들, 당신이 그 일리노이 마을에서 그녀와 함께했을 때…… 달빛이 흔들리던 그 일요일 밤 그녀의 손을 잡고 성당의 계단에 앉아 있던 그때……."

그리고 무트리가 얼마나 그의 부인을 사랑했는지, 그래서 춤추는 무대에서 그녀를 성당의 혼인 서약식으로 데려온 것이며 진실로 사랑하는 사람은 도덕적인 문제나 사회적 지위를 전혀 상관하지 않으며 사랑하는 사람을 죽이지 않는다고 배심원들에게 말했다. 그리고 마지막으로, 무트리와 부인은 싸우고 있지 않았고 단지 당시 그녀가 귀가 멀어가고 있어 무트리는 큰 소리로 말해야만 했으며, 사실 그녀는 청력을 잃은 것 때문에 우울증에 걸려 자살한 것이라고 말하며 변론을 마쳤다.

물론 말이 안 되는 변론이었지만 신기하게도 얼 로저스가 말하면 말이 되는 것 같았다. 결국 배심원 평결이 무죄로 나자, 무트리는 너무 감격해 얼 로저스에게 달려와 그의 손을 꽉 잡았다. 하지만 얼 로저스는 손을 확 뿌리치며 이렇게 말했다.

"저리 비켜, 더러운 놈, 너 네가 유죄인 거 잘 알잖아!"

남편과 나는 그 이야기를 하며 한참 웃었다. 그러나 썩 유쾌한 웃음은 아니었다. 적어도 우리나라에서는 가끔 다른 변호사들한테서 의뢰인에게 속아 성공적으로 변론은 했지만 나중에 너무 씁쓸했다는 경험을 들은 적은 있어도 적극적으로 의뢰인을 위해서 진실을 알면서도 그와 반대되는 변론을 했다는 이야기는 아직 들어보지 못했다.

우리나라에도 곧 배심원 제도가 실시된다. 로스쿨 출신 변호사들이 늘어나고 영미식 색채가 조금씩 생기게 되면 이 문제가 어쩌면 윤리적인 이슈로 부각될지도 모르겠다는 생각이 들었다.

재판이 인간을 구원하지는 못한다, 그러나

이은경 변호사님을 다시 만났다. 나는 제일 궁금한 것부터 물어보았다.

"강간상해 전과범 사건 말이에요. 실제로 피고인이 강간 상해를 하지 않은 것이 사실인가요?"

"네."

"다행이군요."

정말 다행스러운 일이었다.

"사실 처음엔 나도 의심스러웠어요. 그리고 선뜻 맡고 싶지 않았죠. 누가 봐도 강간상해 동종 전과가 두 번이나 있고 집행유예 기간에 또 강간상해죄로 기소되었으니, 결코 좋은 결과를 기대할 순 없었으니까요."

기록만 봤을 때는 이 변호사님은 이 사건을 선임하지 않으려고 했다. 그런데 피고인의 노모가 손자를 데리고 이 변호사님을 직접 찾아와 읍소하며 사건을 맡아달라고 부탁했을 때, 이 변호사님의 마음이 움직였다.

"피고인의 어머니를 보자 모니카가 떠올랐어요, 성 어거스틴[5]의 어머니 모니카. 그 피고인은 어머니가 원래 목사로 키우겠다고 서원했던 아들이었어요. 보통 피고인들이 감옥을 몇 번씩 들락날락하게 되면 가족들이 어느 순간에는 포기하게 되죠. 피고인들이 가장 두려워하는 것도 바로 그런 순간이에요. 그런데 그 어머니는 한 번도 아들을 포기한 적이 없었어요. 오히려 하느님의 뜻이 있다고 굳게 믿고 있었어요. 그 어머니를 보니 저도 그 아들을 포기하지 않게 되더

---

5   성 아우구스티누스(354~430). 초대 기독교 교회가 낳은 위대한 철학자이자 사상가. 『참회록』과 『신국론』의 저자이다.

군요. 그래, 한번 해보자 하는 생각이 들었어요. 그래서 사건을 선임하고 피고인을 만났죠."

구속 수감되어 있던 피고인을 처음 접견하러 갔을 때 이 변호사님은 모든 것을 진실대로 말해줄 것을 당부하고 피고인의 이야기를 들었다. 피고인은 이번만큼은 정말 억울하다고 했다. 그리고 기록을 봐도 지난 강간상해 사건들은 피고인이 처음부터 스스로 자백을 했던 것이고 피해자들과 합의하여 집행유예로 나왔지만 이번 사건은 달랐다.

사건이 일어나던 날은 피고인이 피해자와 인터넷 채팅을 하다가 소위 번개 모임으로 처음 만난 날이었다. 두 사람은 함께 새벽까지 술을 마셨고, 피해자보다 피고인이 오히려 술에 취해 몸을 가누기 힘든 상태에서 피해자가 피고인을 부축하여 여관에 함께 들어갔다. 그리고 피해자가 여관비를 지불한 점 그리고 서로 방에서 몸싸움을 벌이다가 경찰에 신고를 하고 방에서 나왔을 때 피해자가 오히려 피고인을 폭행하는 것을 여관 주인이 말리는 형상이었던 점 등 사안 자체로는 강간이라고 할 수 없는 여러 사정들이 있었다. 그리고 처음 함께 경찰서에 가서 조사를 받았을 때 피해자는 피고인으로부터 폭행당한 사실에 대해 처벌을 원하지 않는다는 처벌불원서를 작성하고 귀가하였으나, 피고인이 너무 억울하다며 혐의 사실을 완강히 부인하자 피해자가 다시 경찰서에 출석하였다. 이때 피고인이 피해자를 '꽃뱀'이라고 하자 피해자는 이에 격분하여 피고인이 자신을 강간하려고 하였다고 다시 고소장을 작성했다. 그런데 경찰이 피고인의 전력을 확인하다가 강간상해 전과가 2회나 있는 것을 발견하고는 바로 강간상해 혐의로 긴급체포한 것이었다.

선무당이 사람 잡는다지만 요즘 세상에는 선입견이 사람을 잡는다. 오판의 경우 대부분은 선입견이 원인일 때가 많다. 그것을 뒤집기 위해 정말 필사적으로 싸우는데 그 싸우는 대상은 판사나 검사가 아니라 바로 선입견인 것이다. 그 선입견을 깬다는 것이 얼마나 어려운 일인지, 눈에 보이지 않는 선입견이 때로는 태산보다 더 막막하게 느껴질 때가 있다. 그래서 변호사들은 논리적인 접근과 함께 감성적인 접근을 활용하기도 하고, 필요에 따라서는 준비서면에 문학적인 요소를 가미할 필요도 있는 것 같다. 물론 얼 로저스처럼 오히려 진실을 가리는 데 악용하면 안 되겠지만.

어쨌든 피고인은 평소 다혈질이었던 듯, 자신의 성격을 참지 못해 인생이 꼬이는 경우였고, 그럼에도 아들이 목사가 되기를 바라며 새벽기도를 쉬지 않던 그 어머니는 아들이 전처와의 사이에 낳은 손자까지 키우면서 같은 죄로 세 번씩 감옥에 들어간 아들을 포기하지 않았다. 이 변호사님이 피고인에게 어머니를 보고 이 사건을 선임했노라고 말하자 피고인은 눈시울을 붉히며 자신이 이번에 나갈 수만 있다면 어머니 소원을 들어드리기 위해 한번 노력해보겠다고 하였다.

"그 말을 듣는 순간, 정말 꼭 피고인이 석방되었으면 좋겠다는 열망, 석방이 가능할 수 있다는 믿음이 생겼어요. 그리고 언제나 모든 일이 그렇듯이 '할 수 있다. 반드시 해낸다'라는 마음으로 시작하는 것과 '과연 될 수 있을까' 하고 시작하는 것의 결과는 당연히 다를 수밖에 없지 않겠어요?"

그리고 독실한 기독교인인 이 변호사님은 피고인에게 내가 반드시 당신의 석방을 위해 최선을 다할 테니 어머니의 소원을 들어드리겠다는 그 약속을 꼭 지키라고 당부했다. 결국 피고인은 강간 부분에 대하여 무죄를 선고받고, 폭행 부분에 대해서만 유죄를 인정받아 벌금형으로 나왔다.

감옥에서 나온 그 피고인은 과연 약속을 지켰을까? 나는 기독교 신자인 이 변호사님이 언젠가 그 피고인의 설교를 들을 날이 있지 않을까 하는 생각에 괜히 흐뭇해졌다. 이미 답은 얻은 것이나 다름없었지만 나는 한 번 더 이 변호사님에게 물어보았다.

"혹시 유죄인 줄 알면서 무죄를 변론해본 경험이 있으세요?"

이 변호사님은 고개를 흔들며 말했다.

"저는 변론할 때 저 자신을 그대로 다 드러내면서 변론해요. 저는 내면과 외면이 다르게 변론하지 못해요. 한번은 어떤 구청 직원이 사건을 선임해 달라고 저를 찾아왔어요. 5백만 원을 받고 불법적으로 용도변경을 해준 혐의로 기소된 사건인데 무죄를 주장했어요. 나는 그 사람에게 솔직히 말해보라, 정말 5백만 원을 안 받았느냐고 진지하게 물어봤죠. 그랬더니 받긴 받았지만 결정적인 증거가 될 만한 것은 없다고 하더군요. 그래서 내가 말했어요. 당신이 유죄인 것을 알면서 무죄 변론은 하지 못한다…….”

나는 마지막으로 나에게 도전이 되었던 주제에 대해 이 변호사님께 질문을 던졌다.

“변호사님, 만일 유영철을 변론하게 된다면 어떻게 변론하시겠어요?”

유영철도 잘 변론할 수 있을 것 같다는 이은경 변호사님의 말씀을 듣고 정말 궁금했다. 이은경 변호사님이 만일 유영철을 변호했다면 유영철이 사형을 면할 수도 있었을까, 만일 그렇다면 어떻게 그것이 가능할까를 생각해보았는데 생각할수록 한계만 더욱 뚜렷해질 뿐이었다. 그런데 이은경 변호사님의 말씀을 들어보니 ‘잘 변론한다’는 말이 의미가 다른 것이었다.

“저는 사형제도 폐지론자는 아닙니다. 제가 유영철을 변론하면 반드시 그가 사형을 면할 수 있다고 생각하는 것도 아니고요. 제가 사건을 맡았을 때 성공으로 여기면서 바라보는 목표는 사형을 면한다든가 무죄판결을 받는다든가 하는 것이 아닙니다. 물론 그것이 성공의 표시이기는 하겠지만 그게 전부는 아니라는 것입니다. 아시다시피 저는 영혼

구원에 관심이 있습니다. 제 입장은, 인간이라면 누구나 최소한 변호인의 조력을 받을 권리가 있다는 것입니다. 유영철조차도요. 제가 유영철 사건을 맡는 기회를 가진다면 그 영혼의 본래 모습이 무엇이었는지, 그 끔찍한 죄악은 도대체 어디서 연유한 것인지를 진지하게 탐구해보고 싶어요. 그래서 그가 재판과 변론 과정을 거치면서 인간 본연의 모습을 회복해서 진정한 속죄의 기회를 가지기를 간절히 바라는 심정으로 변론해보고 싶었던 거예요."

형사사건에는 법이 감당할 수 없는 한계가 분명히 있다. 판사들도 민사사건을 처리할 때보다 형사사건을 처리할 때는 자신도 모르게 왠지 정신이 더 바짝 차려지고, 예민해지고, 감성적이 된다고 한다. 인간이 인간을 판단한다는 것 자체가 결코 자연스러운 작업이 아니기에 형사재판은 법이라는 기준에 따라 최대한의 예의를 지키면서 이루어져야 한다. 판결을 통해서 응보가 이루어지고 질서가 만들어질지언정 인간은 정화되지 않는다.

이은경 변호사님과의 만남은 인간 구원의 관점에서 볼 때, 법정에서 우리들 변호사는, 그리고 판사는, 검사는 어떤 일을 할 수 있는지 또 무엇을 하여야 하는지 그리고 지금까지 우리들은 어떤 역할을 해왔는지를 새삼 진지하게 돌아보게 하는 소중한 시간이었다.

" 누군가를 설득하려면
  그 사람의 언어로 이야기하는 것이
  최상의 방법 아니겠어?
  판사도 사람이기 때문에 자기에게 익숙한
  언어로 말하는 사람의 이야기에
  귀를 기울이게 될 수밖에 없어. "

3장

무죄판결의 고수

진짜 고수가 나타났다

"무죄판결이라면 아마 김동국 변호사가 거의 제일 많이 받았을 거예요. 그분이야말로 이야깃거리가 많을걸."

이은경 변호사님 추천으로 또 한 분의 고수 변호사님을 찾았다. '김동국 변호사'. 과연, 인터넷 검색을 했더니 몇몇 블로그에서 이런 글들이 튀어나온다.

경찰청이 어떤 전문가들의 자문을 얻겠다는 것인지 모르겠지만 김영일 경감이 선임한 김동국 변호사를 뛰어넘는 전문가를 찾을 수도, 새로운 법률적 논리를 계발할 수도 없을 것이다. 지금까지 이 재판에서 보여준 김동국 변호사의 능력과 노력은 흠잡을 곳이 없다. 문제는 이 사건이 오로지 법리에……

우리 측 변호인인 김동국 변호사는 대단한 실력자로 보였다. 검사의 피의자 인정신문 사항 50여 가지 중 몇 가지 부분에 대해 실수한 부분을 만회할 기회를 주었고, 이에 대해 김영일 경감이 제대로 답변했다.

5분간에 걸쳐 공판검사[1]가 주신문을 하였고, 30여 분간 김동국 변호사가 반대신문을 하였습니다. 공판검사는 공소유지[2]를 할 의사가 없는 듯, 측은한 생각이 들 정도로 무기력한 모습을 보였습니다. 김동국 변호사의 반대신문은 앞으로 경검 간의 관계에 큰 변화를 가져올 논리였습니다.

변호인이 반대신문을 통해 자신의 논리를 완벽하게 피력하는 장면은 상상만 해도 정신이 번쩍 들고 가슴이 설렌다. 우리나라 법정에서 그것을 보고 일반인들이 이해하고 감동했다면 그 변호인은 정말 대단한 실력자일 것이다. 게다가

[1] 공소가 제기된 사건의 공소유지를 위해서 법정 활동을 하는 검사이다.
[2] 검사가 피의자를 재판해달라고 법원에 요구하는 것을 공소를 제기한다고 한다. 검사는 공소제기한 대로 피고인이 유죄판결을 받도록 죄를 증명할 증거들을 수집하고 제시하는 등 범죄 입증 활동을 함으로써 공소가 기각되거나 증거가 없어 무죄판결을 받게 되는 일을 방지해야 한다. 이런 검사의 수행 활동은 모두 공소유지를 위한 것이다.

검사가 50여 가지 질문을 퍼부어대면 피고인들은 자기도 모르게 검사가 유도하는 대로 답변을 하게 되는데, 그러다 보면 돌이킬 수 없는 실수를 저지르게 마련이다. 그럴 때 김동국 변호사는 놓치지 않고 검사의 신문이 끝나자마자 곧바로 반대신문 전 몇 가지 질문을 하면서 피고인이 본의 아니게 말실수한 것을 번복할 기회를 만들어준 것이다. 어떤 사건이었는지 대충 짐작이 갔다. 검사의 수사지휘권에 불복했다는 이유로 경찰 간부가 기소된 사건이었는데, 상당히 첨예한 논리 대결이 있었던 법정 공방에서 치밀한 논리와 여유 있으면서도 날카로운 변론으로 피고인을 제대로 방어했던 모양이었다.

'진짜 고수인가 보네.' 같은 변호사로서 부러움과 함께 또 한 분의 훌륭한 선배 변호사님이 계신다는 사실에 대해 든든함을 느끼며 김동국 변호사님과의 만남에 대한 기대에 부풀어 올랐다.

김동국 변호사님은 나와 학번 차이가 제법 있어 같이 학교를 다니진 못했지만 같은 법과대학 선배였다. 그럼에도 불구하고 우리는 그동안 서로 안면이 전혀 없었다. 판사 경력 10년에 변호사 5년 차, 미리 본 프로필 때문이었을까? 처음 본 인상은 40대 중반의 반듯하면서도 온화한 스타일로 변호사보다는 아직 판사 분위기가 더 강해 보였다.

"88학번이라고? 그럼, 86학번 이○○ 판사 알겠네."

"네, 잘 알죠. 같은 동아리 선배님이었어요. 연락 못 한 지는 한참 됐지만요."

그래도 서로가 잘 아는 중간 학번쯤의 몇몇 후배(나에게는 선배) 법조인들의 이름이 나오니 마치 대학 시절로 돌아간 듯했다. 점심 약속을 한 그 자리가 문득 학생회관이나 세미나 뒤풀이 식당처럼 여겨졌다. 그러고 보니 김 변호사님은 꽤 동안이었다.

"책을 쓰신다고? 정말 좋은 생각이야. 그런데 얼마나 썼어요?"

"열두 편 정도 써서 한 권으로 만들 생각인데, 변호사님 이야기는 일곱 번째예요."

"제법 많이 쓰셨네. 언제부터 썼는데?"

"한 두어 달 됐어요."

"대단한 추진력인데? 사실 나도 한번 써볼까 생각한 적이 있었는데, 그게 벌써 2년 전 일이야."

"사건을 처리하면서는 도저히 쓸 수 없을 거예요. 특히 변호사님처럼 집중적인 보살핌이 필요한 형사사건을 많이 하면서는 불가능하죠."

"맞아. 나도 한때 무죄판결을 연속으로 받으니까 '무죄클럽'이라고 해서 내 피고인들 이야기를 묶어 억울한 사연들을 책으로 만들어볼까 생각했는데 바쁘다 보니 그냥 슬

그러니 접게 되더라고."

"마침 저는 지금 출산 휴가 중이라 기회가 좋지요. 제가 선배님 한가지 풀어드릴게요."

"그런데 어떤 식으로 쓰는 거야?"

내가 이런 식으로 본인과 이야기하는 거의 모든 것을 다쓰는 줄 알았더라면 아마 조금은 긴장하시지 않았을까? 나는 상황에 따라 여러 가지 형식으로 쓴다고 어물쩍 대답했다. 내용은 변호사가 창조적으로 일을 잘 해결한 사건, 재판 과정에서 사람들의 가치관이 대립하고 그것이 잘 드러나는 사건 등을 소재로 판사, 검사, 변호사들이 사건을 해결해가는 과정에서 어떤 고민을 하고 어떻게 결정을 내리는지 등을 자세히 들여다보는 것이라고 설명했다.

"변호사나 판사들이 사건을 대하는 태도나 결정하는 과정을 좀 더 가까이 들여다봄으로써 사람들이 법정에서 일어나는 일에 대해 더 잘 이해할 수 있게 하려는 거예요. 아울러 법조인들이 인간을 보는 관점에 대해 생각거리를 한번 만들어보자는 거지요."

"그래? 내 전문은 뇌물죄인데……."

"뇌물죄요? 뇌물을 받은 사람이 피고인인가요?"

"아니, 뇌물을 받았다고 기소된 사람이지, 실제로는 뇌물을 받지 않았거든. 바로 지난주에 한 사람 무죄판결 받았어. 그리고 다섯 개 사건이 무죄 변론 중이고……."

나는 내심 놀랐다. 뇌물을 받았다고 기소된 사람의 무죄 증명은 매우 어렵다. 어떤 일이든 하지 않은 일을 한 것처럼 꾸미기는 쉬워도 그것을 뒤집는 일은 어렵기 때문이다.

"그럼 뇌물을 주었다고 하는 사람의 거짓말을 증인신문을 통해 밝혀야 하는데 그게 쉽진 않았을 텐데요."

"그렇지. 하지만 불가능한 건 아니야. 뇌물을 주지 않았는데도 주었다고 거짓말한 사람은 이유가 있어요. 예컨대 어떤 포주가 윤락행위등방지법[3] 위반죄로 수사받으면서 여경에게 뇌물을 주었다고 거짓말을 했어. 평소에 여경에게 악감정이 있었던 거야. 그 여경의 관할구역에 포주의 업소가 있었는데, 여경이 아주 철저히 잘 감시를 하면서 여러 차례 단속한 적이 있었거든. 그래서 그 포주를 반대신문하면서 평소 여경과의 관계에 대해 묻고 포주가 뇌물을 주었다는 시점 이후의 여경과 포주의 행동들에 대해 조사했지. 그러다 보니 뇌물을 준 사람이 취할 수 없는 행동, 또는 뇌물을 받은 사람으로서는 취할 수 없는 행동들이 자연스럽게 드러난 거지."

사실 김 변호사님이 하신 방법은 어찌 보면 너무나 당연하고 평범한 방법이지만 말처럼 그리 쉽지는 않다. 거짓말하기로 작정한 사람은 나름대로 굉장히 치밀하게 준비하기 때문에 자칫 잘못하면 증인신문이 맨손으로 미꾸라지를 잡

3 풍속을 해치는 윤락행위를 방지하고 윤락행위를 할 우려가 있는 자를 선도함을 목적으로 하는 법이다.

는 것처럼 헛방이 되기 십상이다. 그러고 보니 김 변호사님은 처음 뵌 인상과는 달리 눈매가 날카로운 데가 있었다. 나는 다시 김 변호사님의 얼굴을 보다가 증인의 눈을 똑바로 보면서 차분한 어조로 논리정연하게 하나하나 질문하고 또 그 대답에서 모순을 놓치지 않고 잡아내는 노련한 변호인의 이미지를 떠올렸다.

"변호사님은 판사, 변호사 중 어느 것이 더 적성에 맞는 것 같아요?"

"변호사 일도 재미있지만 판사도 괜찮았어."

"무죄판결 받은 사람들로 책 한 권 만들 수 있을 정도라면 대단하신데, 무슨 비결이라도?"

"글쎄, 내 목표는 변론요지서를 무죄판결문처럼 쓰는 거야. 판사가 내가 낸 변론요지서를 그대로 인용하면 바로 무죄판결문이 되도록 말이야. 판사는 처음부터 끝까지 객관적인 입장을 계속 유지해야 하고 그것이 어렵지 않은 반면, 변호사는 의뢰인의 편에 치우치거나 주관적이기 쉽지. 그래서 주관적으로 치우치려는 자신의 관점을 계속 객관적으로 보려고 노력하는 것이 좋은 변호사가 될 수 있는 하나의 방법인 것 같아."

"그런 점에서는 판사 출신 변호사들이 좋은 변호사가 되기 유리하겠군요."

"꼭 그렇지는 않아. 판결문을 써보지 않았더라도 판결문을 가지고 연구하면 되지. 무죄판결문을 보면서 판사들이 쓰는 용어, 논리 구조, 글투 같은 것을 따라 연습해보는 거야. 누군가를 설득하려면 그 사람의 언어로 이야기하는 것이 최상의 방법 아니겠어? 마치 영어를 하는 사람에게 영어로 이야기하고, 어린아이들에게는 아이들의 용어로 야단을 쳐야 하는 것처럼 말이야. 판사도 사람이기 때문에 자기에게 익숙한 언어로 말하는 사람의 이야기에 귀를 기울이게 될 수밖에 없어."

이 말씀을 듣자 김동국 변호사님과 비슷한 타입의 대학 동기 판사가 문득 생각났다. 그는 재학 중 합격을 해서 내가 사법연수원에 다닐 때 이미 서울중앙지법에 판사로 와 있었다. 지금은 사법연수원이 일산에 있지만 당시에는 서울중앙지법이 있는 서초동 법조 타운 내에 있었다. 연수원 1년 차 기말시험이던가 연말시험이었던가, 시험 준비로 그해 나는 매일 연수원 도서관에서 민사재판실무, 형사재판실무 등의 과목들과 씨름하고 있었다. 지금 보면 참 쉬운데 그때는 왜 그리 어려웠던지 공부하기가 모래알 씹는 것 같았다. 어느 날 아침 연수원에 출근하던 길에 법원에 출근하던 그와 마주쳤다(등원이라고 해야 하나?).

"이야. 이게 얼마 만이야. 진짜 오랜만이다."

졸업한 이후로는 거의 본 적이 없었지만 그는 여전히 해맑은 얼굴에 학생 같은 분위기를 풍겼다.

"한창 시험공부 중이겠구나. 무리하지 마. 어차피 운명이야."

  우리는 한참 연수원 생활 이야기를 했는데, 이미 연수원 생활을 무사히 마친 그는 학교는 몰라도 연수원은 자기가 선배라면서 연수원 생활의 팁 같은 거라며 몇 가지 조언도 해주었다.

  "이건 말이지, 나는 정말 효과를 본 방법인데 다른 사람도 될지는 모르겠어. 나도 사실 연수원 공부가 너무 힘들었거든. 교과서를 아무리 읽어도 머리에 들어오지 않는 거야. 교수님 강의도 무슨 소린지 도통 모르겠고. 그런데 교수님들은 판사들이잖아. 교수님들은 생각들을 어떻게 풀어가시나 궁금했지. 그래서 말이야……."

  그는 판사인 아는 선배에게 부탁을 해 전형적인 판결문 몇 개를 유형별로 구했다. 그리고 공부가 잘되지 않을 때마다 판결문을 바이블이라 생각하고 무조건 무식하게 베껴 썼다는 것이다. 마치 초기 그리스도인들이 기를 쓰고 성경 필사를 했던 것처럼. 그런데 그렇게 무식하게 베껴 쓰다 보니 자신도 모르게 답안지를 쓸 때 판결문 투로 쓰게 됐고 교수님 말씀도 잘 이해하게 됐다고 했다. 이후로 성적이 팍팍 올랐던 건 물론이다. 당시에는 그의 이야기에 그렇겠다 싶었는데, 나는 실천하지는 못했다. 그런데 김 변호사님으로부터 또 비슷한 이야길 들으니 정말 이번에는 꼭 한번 해봐야겠다는 생각이 들었다.

  "그렇긴 하죠. 판사들이 자신에게 익숙한 논리와 언어에 더

욱 잘 반응하는 것은 당연할 거예요. 하지만 가끔은 말이죠. 전혀 생소한 언어로 말하는 것도 필요할 때가 있지 않을까요?"

나는 새로운 주장에 대해서는 거의 말이 아닌 것처럼 무시하다시피 한 최근 몇몇 법원의 판결에 대해 실망하고 있던 차였다. 그래서 오히려 서면에 더 자극적인 용어를 쓰든지 아니면 소설처럼 흥미진진하게라도 써야 하는 건 아닌지 고민하고 있었던 것이다.

"사실 그게 필요할 때도 있지. 워낙 사건들이 복잡하고 판사들은 일이 많으니까, 제대로 안 본다 싶을 때도 있지. 그럴 때를 위해 나는 판사들이 서면을 읽다가 한두 번쯤은 웃을 수 있도록 일부러 재미있게 쓰기도 해. 박장대소는 아니더라도 썩소라도 한 번 날릴 수 있게 말이야."

"사실 우리나라 변호사들은 준비서면으로 말하잖아요. 그리고 준비서면은 논리만 탄탄하면 된다고 생각했어요. 그런데 최근에 상고 사건을 몇 번 기각당하고 나니까 생각이 달라지더군요. 대법원에서 대법관 한 사람이 처리하는 사건 수를 알고 나니 더더욱 밋밋한 서면으로는 안 되겠구나 싶은 거예요."

나는 최근 내가 엄청나게 공을 들였음에도 불구하고 어이없이 기각된 대법원 상고심 사건을 떠올렸다.

"상고심? 상고심 사건은 법률심[4]이니까 오히려 논리만 탄

4 소송 사건에서 사실심事實審이 행한 재판에 대하여 그 법령 위반의 유무만을 심리하는 상급심上級審을 말한다.

탄하면 파기환송[5] 판결받기가 항소심보다 쉽지. 내 경우는 항소심보다 상고심에서 무죄를 받은 경우가 많았어. 항소심이야말로 어지간해서는 1심 결론을 뒤집으려고 하지 않지만, 대법원에서는 일단은 상고까지 한 거니까 그래도 꼼꼼히 보긴 하거든."

"그럴까요?"

내가 약간 미심쩍은 표정으로 반문하자, 김 변호사님도 잠깐 뭔가 생각하는 듯한 표정이 되었다. 그러더니 조심스럽게 원론적인 이야기를 시작하셨다.

"상고심은 사실심이 아니니까 사실관계를 가지고 길게 이야기하면 먹히지 않지만, 상고 이유로서 요건이 맞는 이야길 하면 안 들어줄 수 없지. 예컨대, 법률 해석의 오류다, 채증법칙[6]을 위배했다, 또는 포섭의 착오[7]……."

원론이 약간 길어지자 문득 김 변호사님도 겸연쩍은 듯

5 상고법원이 종국판결에서 원심 판결을 파기한 경우에 사건을 다시 심판하도록 원심 법원으로 돌려보내는 일을 뜻한다.
6 증거를 채택하는 기준이 되는 원칙. 재판은 사실을 확인하고 확정된 사실에 법을 적용해서 결론을 내리는 것이다. 이때 사실을 확인하는 것은 반드시 증거에 의하여야 한다(증거재판주의). 증거에 의한 사실인정 문제는 법관이 자유롭게 할 수 있지만(자유심증주의), 증거를 채택할 때는 논리와 경험칙에 어긋나지 않아야 한다. 즉 신빙성과 임의성이 없는 증거를 가지고 사실을 인정하면 채증법칙 위반이 되고, 판결이 위법하다고 주장할 수 있게 된다.
7 어떤 행위를 금지하는 규정이 있음을 알고 있으면서도, 그것이 자신에게는 적용되지 않는다고 잘못 해석해 금지 행위를 범한 경우를 이르는 말이다.

웃으시더니 이야기 방향을 바꾸셨다.

"우리는 법대 나오고 연수원까지 나왔지만 사실 이런 걸 변호사가 되고 나서야 제대로 알게 되니 그것도 아이러니 하지. 학교나 연수원에서는 가르쳐주지 않잖아. 그런 의미 에서 어쩌면 로스쿨에서 더 잘 배울 수 있을지도 모르지."

우리는 그 한없이 이론적이고 실무와 동떨어졌지만 낭만 적이고 가끔은 희극적이었던 대학 시절의 법학 강의를 이야 기 도마 위에 올려놓고 새삼스럽게 애정 섞인 비판을 서로 나누다가, 내 책의 소재가 될 만한 사건을 찾아보겠노라는 약속을 하고 훗날을 기약하며 헤어졌다.

연대보증의 덫

김동국 변호사님을 만나고 난 다음 날, 나는 뜬금없이 내가 법정에서 만삭의 몸으로 열성적으로 변호하는 엉뚱한 꿈을 꾸는 바람에 깜깜한 새벽에 잠을 깼다. 사실 나는 이번에 셋 째를 가진 상태에서 거의 출산 직전까지 법정에 섰다. 그 당 시에는 의식하지 못했는데, 출산 후에 몸이 정상으로 돌아 오고 나서 당시 사진들을 볼 때나 그때를 떠올릴 때마다 흠 칫흠칫 놀라게 된다.

셋째라 그런지 유독 배가 너무 많이 나와 있었다. 그래서 어딜 가나 사람들이 모두 황급히 길을 비켜주고 황망히 자리를 내주는 분위기였으니, 법정에 들어서면 다들 '억' 하는 표정이 역력했다. 민사사건 같은 경우는 되도록 복대리[8]를 선임해서 대신 법정에 보내기도 했지만 형사사건은 여의치 않았다.

한번은 의뢰인이 구속된 부정수표단속법 위반 사건이 있었는데, 사건이 복잡한 데다 일부 무죄를 다투고 있었고, 의뢰인과 그 가족들은 나를 필사적으로 의지하고 있었기에 그 사건만큼은 다른 변호사에게 맡길 수가 없었다. 덕분에 나는 그 큰 배를 하고서 서울구치소를 들락날락했을 뿐 아니라 형사 법정을 휘젓고 다닐 수밖에 없었다. 다행히 결과는 좋았다. 결국 집행유예로 의뢰인이 선고 당일 석방되는 것을 보고 출산 휴가에 들어갈 수 있었으니 보람이 있었다고 할 수 있다. 그런데 지금 와서 생각하면 민망하기도 하고 우습기도 한 것이다. 그래서인지 내가 만삭의 몸으로 법정에서 장황한 최후변론을 늘어놓고 법대를 쳐다보면 판사는 '억' 하는 표정으로 나를 바라보는 만화 같은 장면이 꿈에서 가끔 나타나곤 했다.

그날도 나는 꿈에서 만삭으로 법대를 바라보면서 무언가 열변을 토하고 있었다. 그런데 법대 위에 앉은 사람이 까만 법복을 입은 판사가 아니라 머리가 새하얗고 하얀 도포를

---

8 대리인이 자기가 대리할 권리의 전부 또는 일부를 다시 다른 사람에게 대리하게 하는 것을 말한다.

입은, 「금도끼 은도끼」에 나오는 도사였다. 나는 "존경하는 재판장님"이라고 하려다 말고 "존경하는 도사님, 이미연 씨를 도와주세요. 그녀는 혼자서 두 아이를 키워야 한단 말이에요" 하면서 변론이 아니라 떼를 쓰고 있었다. 나는 어이가 없어 깜깜한 방 안에서 눈을 뜬 채 꿈을 되새기다가 잠이 다 달아나 버렸다.

왜 이런 꿈을 꿨을까? 한참을 뒤척거리다 거실로 나왔다. 바깥에서 새어 들어오는 희미한 불빛에 거실 한편에 놓인 화분들의 실루엣이 하나둘 눈에 들어왔다. 나는 그중 유독 화려하고 풍성한 양란이 흐드러지게 핀 화분에 가만히 다가갔다. 제법 커다란 돌확에는 갖가지 푸릇푸릇한 잎사귀들이 풍성하게 채워져 있었고, 그 위로 가녀린 꽃대가 여남은 개 쑤욱 올라오고 그 끝에는 양란 떨기들이 짙은 보라색과 흰색으로 화려한 대조를 이루며 우아한 자태로 탐스럽게 피어 있었다. 그리고 한 꽃대에 이 양란을 보낸 사람의 이름과 축하 메시지가 담긴 리본이 아직 단정하게 묶여 있었다. "득남을 축하드립니다. 이미연"이라고 씌인 그 리본을 보자 다시 가슴이 아려왔다. 그녀가 보낸 양란은 내가 이제껏 받은 출산 축하 화분 중에 가장 크고 멋있는 것이었다. 그랬음에도 그 화분이 배달되었을 때 나는 그 풍성한 축하의 선물에 충분히 기뻐하지 못했다. 오히려 가슴이 쓰라렸고 볼 때마다 약간 처연한 기분이 되었다.

이미연 씨는 내 의뢰인이었다. 그녀는 일본어가 유창해서 일본을 드나들며 소규모로 무역업을 하는 여성 사업가였다. 그녀가 처음 의뢰한 사건은 피고로서 10억 원 대여금을 청구당한 것이었는데, 이미 1심에서 변호사 없이 소송을 진행하여 패소 판결을 받은 것이었다.

그녀는 아이스크림을 만드는 A회사에 돈을 투자하면서 이사로 들어갔는데, A회사는 어느 공기업의 자회사였다. A회사는 그 공기업 대표인 최모 회장이 대표로 취임하자마자 설립한 것으로 설립 동기부터 미심쩍은 부분이 있었다. 최 회장은 원래 국회의원까지 지냈던 사람으로 그 부인과 함께 여기저기 사업체를 많이 갖고 있었다. 그중 부인을 대표로 한 아이스크림을 만드는 B회사를 소유하고 있었는데, B회사가 도산 위기에 처하게 되었다. 그러자 최 회장은 자신의 화려한 경력을 이용하여 공기업에 회장으로 취임하고, 취임하자마자 공기업의 자금으로 아이스크림을 만드는 자회사를 설립했다. 그 A회사는 설립되자마자 최 회장의 사기업인 B회사에 재료 구입 명목으로 수억 원을 선급금으로 지급했는데, A회사의 구입 대금은 공기업의 금고로부터 대출받아 마련한 것으로서 그 대출 채무에 대해 이미연 씨를 비롯한 이사들이 전부 연대보증을 하였다.

이후 감사 과정에서 최 회장의 배임, 횡령이 적발되어 A회사는 설립한 지 10개월 만에 아이스크림 한번 제대로 생산해보지 못한 채 폐업을 하게 되었고, 채권자인 공기업은 당시 이사로서 연대보증을 했던 이미연 씨에 대해 보증 채무자로서의 책임을 물어 대여금 청구 소송을 제기했던 것이다. 당시 이미연 씨 말고도 공기업의 임원 중 A회사의 이사를 겸직하고 있던 사람들이 있었다. 그들 역시 연대보증인으로서 서명날인하였음에도 불구하고 공기업은 그들에 대해서는 전혀 대여금 청구를 하지 않고, 이미연 씨와 또 한 사람의 외부 인사였던 A회사의 대표이사에 대해서만 청구를 했다.

사실 이 사건의 본질은 그 공기업의 생리를 잘 알고 있었던 최 회장이 자회사 설립과 사업 자금 대출이라는 방법을 통해 공기업의 눈먼 돈을 편취한 것이다. 그런데 그 공기업의 내부 규정상 자금이 법인에 대출될 때는 법인 이사들이 연대보증하도록 되어 있었다. 이미연 씨는 10억 원이나 되는 돈의 대출에 대해 연대보증을 서는 것이 부담스럽긴 했지만 그 자금이 최 회장의 횡령에 이용되리라고는 꿈에도 생각지 못했기에 투자자로서 A회사가 잘되길 바라는 마음에서 마지못해 서명날인하였다.

하지만 연대보증에 대한 법률관계나 우리나라 사법부의 태도는 분명하다. 인정에 눈이 멀었든 철저한 계산에 의한 것이었든 사정이나 동기를 불문하고 연대보증 행위에 대해서는 변명의 여지가 없다. 연대보증은 흔히 인정이나 어떤 사정 때문에 싫어도 서게 되는 경우가 많은데, 나중에 채권자가 연대보증인에 대해 청구할 때는 그런 사정은 전혀 고려 대상이 되지 못한다. 내가 빌린 것이나 쓴 것이 아니라 하더라도 인정사정 봐주지 않는다. 그냥 무조건 갚아야 한다. 그래서 보증은 함부로 서면 안 되는 무서운 것이다. 어떤 유명한 상인 가문에서는 보증을 서거나 세우지 말 것, 차라리 돈을 주어도 좋을 관계라면 꾸어주고, 받을 생각을 하지 말라고 자녀들에게 가르친다고 한다. 인정으로 보증을 서주지만 보증인에게 손해가 날 상황이 되면 결국 좋은 관계까지 깨지게 마련이다.

여하튼 연대보증 때문에 법률관계는 복잡해지고 인간관계는 지저분해지는 것을 흔히 볼 수 있다. 그래서인지 연대보증인에 대한 대여금 청구 사건은 법률적으로는 똑떨어지지만, 그렇다고 판사들은 칼같이 판결하면 뭔가 가슴 한편이 켕기는 듯, 보증인의 사정을 조금이라도 봐주기 위해 조정으로 돌려 채권자로부터 빚을 탕감받을 수 있는 기회를 주기도 한다. 하지만 채권자가 거절하면 그만이다. 판사도 어쩔 수 없이 채권자 전부 승소 판결을 할 수밖에 없다.

물론 연대보증 행위 자체에 어떤 법률적인 하자가 있는 경우, 예컨대 착오, 사기, 강박에 의한 의사표시 같은 취소 사유가 있는 경우에는 연대보증 행위를 취소함으로써 책임을 면하는 방법이 있다. 그러나 취소 사유를 인정받기는 매우 어렵고 입증도 쉽지 않다. 일반인들은 이런 연대보증 책임의 구조를 잘 모르기 때문에 그냥 감으로 자기가 억울하다 싶으면 막연히 재판에서 이길 수도 있으리라 기대하는 듯하다. 이미연 씨의 경우도 자기는 최 회장에게 속았고 당시 연대보증을 하는 것이 형식적인 절차에 불과하다고 알았으며 나중에 자기는 주주로서의 권리와 함께 이사직도 포기했기에 책임이 없는 것으로 믿었다. 그래서 제1심에서 변호사도 선임하지 않고 또 한 사람의 피고였던 대표이사와 함께 법무사의 조언을 얻어 그냥 당사자 소송으로 진행했다. 그리고 당연히 패소하였다.

처음 이미연 씨가 패소 판결을 들고 나에게 항소심 사건을 의뢰하기 위해 찾아왔을 때 선뜻 사건을 맡기가 꺼려졌다. 그녀에게 10억 원의 대출 채무를 다 갚으라고 하는 게 억울한 건 분명하지만 그녀가 스스로 연대보증을 한 것 또한 분명했으므로, 법률적으로 그녀가 책임을 벗어나기는 쉽지 않아 보였다. 이기지도 못할 사건에 대해 응소[9]하고 소송에 매달리는 것만큼 당사자나 대리인이나 진 빠지는 일이 또 없지 않은가. 더구나 1심에서 이미 패소 판결을 받았으니 새로운 주장과 증거를 다시 찾아 입증을 해야 하는데, 설상가상, 기망으로 인한 취소를 주장할 때 가장 중요한 증인이

9   원고가 법원에 청구한 소송에 피고로서 응하는 일. 두 번의 기일 동안 소장을 받아보고도 법원에 아무런 자료도 제출하지 않으면 원고가 승소할 수도 있다.

될 수 있는 최 회장이 사기, 횡령, 배임 등으로 수사받던 동
안 지병으로 세상을 떠난 상황이었다.

나는 이미연 씨의 이야기를 들으면서 이 사건의 전말에
대해 머릿속으로 그림을 그려보고 있었다. 그리고 이런 연
대보증 채무는 재판에서 승소하기 어려우며, 재판으로 끌고
가기보다는 채권자와 타협해서 빚을 줄이는 게 낫다는 취지
로 말하고 수임을 거절하려고 이미연 씨를 바라보다가 문득
어떤 힘에 이끌린 것처럼 이 사건을 맡고 말았다. 왜 그랬을
까. 왠지 남 같지 않은 느낌, 나는 그녀에게서 우리 엄마의 모
습을 봤던 것 같다. 그녀는 사업가이면서 두 아이의 엄마였
는데, 그녀가 하는 말을 들어보면 도무지 사업가 같지가 않
았다. 하지만 오히려 그런 사람이 진짜 사업가일지도 모르
는 일이다.

우리 엄마도 그렇다. "뭘 그리 따지냐. 사람 믿고 하는 거
지." 내가 계약서를 꼼꼼히 보고 있으면 엄마가 하시는 말씀
이다. 노후 대책으로 산 상가 건물의 임차인이 몇 달째 임대
료를 내지 않고 있다고 푸념하시기에 "내용증명을 보내세
요" 하면, "조금만 더 기다려주자, 그 사람 통이 커서 곧 사
업이 크게 성공할 게다. 지금 당장 없어서 그러는 게지"라고
도 하셨다. 엄마는 이제까지 이것저것 손을 대셨지만 늘 남
의 사정을 많이 봐주다 보니 손해를 많이 보셨다. 도무지 사
업가 기질이 아니다. 사실 이런 모습은 우리 엄마만이 아니

라 누구라도 주위에 한 명쯤은, 아니 어쩌면 주위 절반쯤의 사람들에게서 이런 모습을 볼 수 있을 것이다. 어쩌면 대부분이 아닐까 하는 생각마저 든다. 더 나아가 그것이 좀 더 인간적인 모습이 아닐까 하는 생각까지 드니, 결국은 그래서 법대로 한다는 것이 때로는 비인간적이고 인간의 순수성을 해치는 것 같은 느낌에 이르게 되는구나 싶다.

그래서 우리나라처럼 '정'이니 '한'이니 하는 정서가 깊숙이 자리 잡고 있는 사회에서, 거절할 줄 모르는 사람들이 모여 사는 우리나라에서는 연대보증제도란 참 얄미운 존재인 것 같다. 인간의 선한 약점을 이용해 너무 심한 부담을 덜커덕 씌우니 말이다. 만일 급히 돈이 필요해 누군가에게 돈을 꾸러 갔는데, "당신이 못 갚게 되면 대신 갚아줄 친구를 데려와야 빌려주겠소"라고 한다면, 참 대단히 기발하긴 하지만 정이 뚝 떨어질 것이다. 나처럼 생각하는 사람이 많은지 언젠가 어느 은행에서 최초로 연대보증제도를 폐지하겠다는 발표를 한 적이 있었는데, 올해부터는 금융감독원과 전체 은행이 모두 연대보증제도를 점진적으로 폐지하기로 했다고 한다. 신문에 이런 기사가 보도되자 이제 보증으로 인해 패가망신하는 피해 사례가 사라지게 되었다고 너도나도 쌍수를 들고 환영하는 분위기다. 적어도 앞으로는 이미연 씨 같은 억울한 사례는 없어지게 된 것이다. 결국 이미연 씨는 구시대 유물의 마지막 희생자인 셈이었다.

　이미연 씨 사건이 쉽지 않을 줄 알면서도 선임하기로 했을 때 나는 이런 기대를 했던 것 같다. 이 사건은 채권자 회사 대표의 사기, 횡령, 배임이 개입된 것이어서 보증인이 연대보증 행위를 할 당시 의사표시의 하자를 주장할 여지가 있었다. 이제껏 연대보증인의 취소 사유를 인정해준 사례는 거의 없지만, 내가 만일 판사라면 보증인의 딱한 사정 때문에라도 쉽게 채권자 승소판결을 내리진 못할 것 같았다. 그래서 운이 좋아서 연대보증제도 자체에 대해 좀 더 섬세하게 고민해본 판사를 만난다면 채권자 회사 대표의 기망행위를 인정받아 책임을 면하거나 적어도 조정을 통해 빚을 줄일 수 있으리라.

　그러나 항소심은 역시 내 기대만큼 이 사건을 특별하게 살펴주지 않았다. 변론기일을 열자마자 바로 종결하더니만 1심과 똑같은 판결문을 내놓았다.

　판결 선고를 듣는 순간 나는 정신이 번쩍 들면서 낮은 확률에 기대한 내 잘못을 통탄했다. 그런데 이미연 씨는 포기하지 않았다. 내게 또 상고심을 맡아달라고 했다. 나는 더 신중해지지 않을 수 없었다. 판사나 변호사, 법조계 사람들을 만나는 자리마다 앙케트 조사라도 하듯 "변호사님이라면 어떻게 판결하시겠어요?" 하고 물어보았다. 대부분 쉽지는 않을 것 같다고 했다.

　"1심에서라면 몰라도 상고심에서는 힘들 것 같은데……."

"아니, 다른 판사의 판결 예상이 아니라 변호사님이 판사라면 어떻게 판결하시겠냐고요."

이렇게 물어보면 다들 좀 더 고민하는 표정이 되었다. 판사인 친구들도 대부분 마찬가지의 반응을 보였다.

"그렇다고 미리 포기할 이유는 없지. 때로는 새로운 관점이 받아들여지기도 하니까 말이야. 그래서 대법원 전원합의부[10]가 있는 게 아니겠어?"

나는 이미연 씨에게 이러한 배경 사실들을 자세히 설명해주었다. 우리나라 대법원의 파기환송률은 15퍼센트를 넘지 않는다. 물론 그렇다고 해서 완전히 확률 게임은 아니고, 사건에 따라 법률적으로 이겨야 할 사건이라면 99퍼센트 이겨야 하는 것이 정상이지만 항소심에서도 패소하였기 때문에 상고심에서 뒤집힐 가능성에 대해서는 크게 기대할 수 없었다.

"저는 여기서 포기할 수는 없어요. 조금이라도 가능성이 있다면 상고하고 싶어요."

상고 기간이 며칠 남지 않은 어느 날, 이미연 씨가 사무실로 찾아와 점심 식사를 대접하고 싶다고 했다. 우리는 사무실 근처 어느 일식집에 자리를 잡고 앉았다. 이미연 씨는 최

---

10 대법원은 1인의 대법원장을 포함하여 13인의 대법관이 있고, 상고심 재판을 하는 재판부로서 3인의 대법관들이 합의체를 이룬 각 부가 있다. 하지만 기존 판례를 변경하는 등 특별히 중대한 심리를 해야 할 때는 대법관 전원이 '전원합의부'를 구성해 심리와 판결을 하게 된다.

회장 부부와의 악연에 대해서 이야기하기 시작했다. 처음에는 최 회장의 부인과 서로 언니 동생 하며 의지하고 지내던 이웃사촌이었다. 그러나 알고 보니 최 회장 부인은 자기뿐 아니라 누구에게든 처음에는 간이라도 빼줄 듯하다가 결국은 돈 관계로 엮이게 되고 그 뒤에는 안면 몰수한다는 것이었다. 그러더니 문득 이미연 씨는 술 한 병을 시켰다. 둘이서 한낮에 회를 먹는 것도 사실 좀 뜬금없는 데다 술까지 곁들이니 약간 우스운 생각이 들었다.

"변호사님, 죄송해요. 제가 지금 술을 좀 하고 싶어서 그래요. 변호사님도 한잔하시겠어요?"

나는 원래 술을 잘 하지 않는다고 했다. 그녀는 혼자서 술을 몇 잔 기울이더니 아이들 이야기를 꺼냈다.

"이제 한창 공부하는 나인데 애들이 착하고 공부 욕심이 있어요."

그녀는 대학생과 고등학생 딸 둘을 두었다. 딸들은 예쁘게 잘 자라주었다. 둘째는 방송인이 꿈이라 학교 방송부 활동을 열심히 한다고 했다. 지갑에서 사진을 꺼내 보여주기도 했다.

"예쁘죠?"

딸은 장난기 어린 동그란 눈매에 새침데기 같은 표정으로 생긋 웃고 있었다.

"애들이 시집갈 때까지는 제가 경제활동을 할 수 있었으면 좋겠어요."

취기가 약간 돌았는지 아이들에 대한 이야기를 할 때 그녀는 눈물을 글썽였다. 원래 눈꼬리가 살짝 처져서인지 선한 느낌을 주는 얼굴이었고, 좀처럼 감정의 동요가 느껴지지 않는 보살과도 같은 편안한 인상이었다. 그런 그녀가 양미간을 찌푸린 듯 만 듯 눈물을 참아내는 모습은 나에게 묘한 울림을 주었다. 10억 원이라는 돈은 그녀가 앞으로 평생 벌어도 갚기가 쉽지 않은 돈이다. 설마 하는 생각으로 쉽게 서명한 결과가 이렇게 큰 부담으로 돌아올 줄이야. 물론 그녀의 잘못이 하나도 없다고는 할 수 없지만 따지고 보면 공기업이 대표를 잘못 뽑아 생긴 재난이다. 그런데 그 손해를 연대보증 한 번 잘못 선 그녀에게 모두 갚으라는 것은 실수에 비해 너무 과중한 책임을 지우는 것이었다.

상고이유서에 포스트잇 붙이기

그날 이후 나는 어떻게 하면 그녀를 연대보증 책임에서 벗어나게 할 수 있을까를 매일 골똘히 연구하기 시작했다. 판례와 민법 주해 같은 문헌 조사는 물론이고, 점심시간마다 일부러 선배나 친구 법조인들과 약속을 잡아 식사하면서 함께 고민했다. 그러다가 연대보증 사건은 아니었지만, 대

3장 무죄판결의 고수 103

출 채무가 일어난 배경이나 구조가 유사한 하급심 판결례 하나를 발견했다. 어느 보증 기금의 임원이 자기가 쓸 돈을 마련할 생각으로 아는 사람을 물상보증인[11]으로 하여 대출 채무를 일으켰는데, 물상보증인이 나중에 사기를 이유로 보증 행위를 취소한 사건으로 1심에서 보증인의 손을 들어준 것이다. 나는 상고이유서에 이 판례를 이미연 씨 경우와 비교해가며 자세히 소개했다. 상고심에서 승소할 희망이 보이는 것 같았다.

그러던 어느 날, 동기 변호사와 같이 식사를 하게 되었다. 그녀는 최근에 자기 사무실에서 상고심 사건을 맡아 정말 심혈을 기울여 일했는데, 어이없이 심리불속행[12] 처리가 된 이야기를 꺼냈다.

"정말 너무 허탈하더구나. 상고이유서만 장장 100쪽이 넘었어. 상고이유보충서에 참고자료까지 내고 말이야. 그런데 한 장짜리 '심리불속행' 결정문이라니!"

"그래⋯⋯ 심리불속행, 그게 제일 무서운 거지. 차라리 상고기각 결정이면 상고 이유에 대해 하나하나 납득할 만한 기각 사유라도 대주니 속이라도 후련한데, 겨우 한 장짜리 심리불속행. 아예 판단조차 해주지 않으면 그 갑갑함, 한

---

11   타인의 채무를 담보하기 위해 자기 재산을 담보로 제공한 사람을 말한다.

12   대법원에 상고했을 때 더 이상 그 상고에 대해 심리를 하지 않기로 하는 결정. 결과적으로 항소심이 확정되기 때문에 상소한 입장에서는 기각이나 다름없다.

이 맺히지."

　나 역시 심리불속행 결정을 받아본 경험이 있는지라, 게다가 얼마 전 상고이유서 하나를 공들여 써 올린 참인지라, 그녀의 푸념이 정말 절절히 와닿았다.

　"그런데 대법관님들은 정말 그 많은 사건을 꼼꼼히 읽어 보시기나 하는 걸까?"

　"어떤 분은 그러실 테고 어떤 분은 안 그러실 테지. 그런데 사건 수를 보면 대법관 한 사람당 처리해야 할 사건 수가 한 달에 수백 건이라는데, 모든 사건을 꼼꼼히 본다는 건 물리적으로 불가능한 거 아니야?"

　"그래서 나는 말이야, 상고심에 제출하는 서면에는 빨간 리본이라도 붙이고 향수라도 뿌리고 싶더라. 형광펜으로 밑줄도 쫙쫙 긋고 말이야."

　우리는 빨간 리본을 단 채 예쁘게 포장된 상자에 담겨 대법관님 앞에 얌전히 배달되는 상고이유서를 상상하며 쿡쿡 웃었다.

　"그래서 로비한다는 이야기가 나오나 봐, 대법관과 친구인 변호사를 선임해야 한다는 둥……."

　"그래. 하지만 로비한다고 해서 결과를 뒤집을 수야 있겠어? 대법관님도 친구가 와서 잘 봐달라고 하면, 정말 말 그대로 눈 부릅뜨고 서면이나 잘 봐줄 수 있을 뿐, 설마 질 사건을 이기게 해주지는 않으시겠지. 대법관까지 오르신 분들이 뭐가 아쉬워서⋯⋯."

나는 얼마 전 우리 사무실에서 있었던 일을 이야기해주었다. 상고 사건이 있었는데, 마침 배당된 재판부의 대법관님이 우리 사무실의 어느 변호사님과 대학 동기인 데다 같은 동네에 살면서 자주 골프도 같이 치는 절친한 친구였다. 그야말로 사무실로서는 너무나 고마운 일이라 변호사님은 기회를 보아 사건을 잘 봐달라는 이야기를 했다. 그랬더니 그 대법관님께서 "빨리 판결해주길 원하는지 아니면 제대로 판결해주길 원하는지"를 되물으셨단다. 변호사님은, 이 사건은 적어도 우리 관점에서는 우리가 승소해야 하는 것이 정당해서 "빨리할 것까진 없고, 꼼꼼히 보고 제대로만 판단해주면 된다"고 대답하셨다. 그랬더니 이 사건에 대해 상고이유서를 낸 지 벌써 3년째인데, 아무 소식이 없는 것이다.

"그때 변호사님이 왜 '둘 다'라고 답하지 않으셨는지 안타까울 뿐이지 뭐니."

내 이야기에 친구는 한참 웃더니, 자기도 얼마 전 대법관 친구를 둔 선배 변호사님한테 상고심에서 어떻게 하면 심리불속행을 면할 수 있는지 슬쩍 물었다가 다음과 같은 대답을 들었다고 했다.

"그 많은 상고이유서 중에서 간택받으려면 두 가지 중 하나의 조건을 충족시켜야 해. 재판연구관하고 친하든지 아니면 용감하든지, 용감한 건 뭐냐면, 전혀 모르는 사이라도 담당 대법관님한테 면담 요청을 해서 쳐들어가는 거야. 그렇게 내 상고이유서에 포스트잇을 붙이는 거지."

그날 나는 사무실에 돌아와 비서에게 현재 대법원 재판연구관들 명단을 구해달라고 해서 이름을 하나하나 살펴보았다. 대법원 재판연구관은 대법관 1명당 2명씩 모두 18명이었다. 18명 중에 내 대학 동기가 딱 한 명 있었다. 정준호(가명)는 김승태(가명) 대법관 직속 재판연구관으로 민사 제1부에 소속되어 있었다. 이미연 씨 사건은 상고이유서를 제출한 지 2주가 다 되어가는데도 아직 어느 재판부에도 배당되지 않은 상태였다. 예전에는 상고장을 접수하자마자 사건이 특정 재판부에 배당이 되었는데, 소송 당사자들이 상고장을 접수하고는 어느 재판부에 배당되는지를 확인한 뒤 대법관에 따라 유리한 변호사를 선임해서 상고이유서를 내는 경우가 많아지자 절차가 바뀌었다. 그래서 요즘은 상고장이 제출되고 변호사가 선임되어 상고이유서까지 제출한 뒤에야 재판부가 배당되었다. 로비하려는 유혹을 애초에 차단하고자 한 것이다.

어쨌든 아홉 개의 재판부 중에 내가 아는 재판연구관이 있는 재판부는 하나뿐, 확률은 9분의 1이었다. 나는 우리 사무실 어느 변호사님이, 2002년 월드컵 4강전에서 홍명보가 승부차기할 때, 마음속으로 '공아 들어가라, 공아 들어가라' 하고 주문을 외웠는데, 아마도 온 국민이 다 그랬기 때문에 그 공이 들어간 거라고 한 이야기를 떠올리면서, 나도 '사건아, 민사 1부로 배당되라' 하고 주문을 외워보았다. 그리고 틈틈이 화살기도로 이 사건이 민사 제1부에 배당되기를 빌었다. 배당되면? 그다음 계획이 선 것은 아니었지만 일단은 유리한 고지에 설 것 같았다.

사실 정준호 재판관은 나와 대학 동기일 뿐 친한 사이도 아니었다. 대학 졸업한 지가 벌써 15년이고 그사이 본 적도 없었다. 어쨌든 나는 그 이후 날마다 속으로 빌었다. '제발 이 사건이 민사 1부로 배당되기를!' 그랬더니 정말 기적 같은 일이 일어났다. 그로부터 며칠 뒤, 상대방의 답변서와 함께 민사 1부에 배당되었다는 소식이 온 것이다. 나는 사무실 회식 자리에서 다른 변호사님들께 이 기쁜 소식을 전하고 또 조언을 구했다.

"결국 기적은 일어났는데 그담에 어떻게 해야 할지 모르겠네요. 사실 상고심이라 상고이유서를 제대로 작성해 제출한 것으로 할 일을 다 한 것이긴 한데, 걱정되는 것은 약간 관점을 새롭게 해야 설득이 되는 논리라 그냥 대충 봐서 심리불속행당할까 우려되는 거예요."

나는 내가 새로 발견한 유사 사건 판례 내용을 인용하면서 이 사건도 가능성이 있지 않을까를 다른 변호사님들에게 또 여쭈어보았다. 역시 찬반으로 의견이 나뉘었는데 한 부장판사 출신 변호사님께서 이렇게 말했다.

"처음 신 변호사한테 그 사건을 들었을 때는 연대보증 사건은 뻔한 거라서 '나 같으면 그냥 기각'이라고 생각했는데, 그 유사 사례와 함께 듣고 보니 달리 볼 수도 있겠다는 생각이 드는군요."

그렇다면, 그렇다면 정말 상고이유서에 포스트잇이라도 붙여야 하는 것 아닌가.

"일단 친구한테 전화 한 통 해야지, 하늘이 기회를 주셨는데……."

"그래야겠죠. 하지만 조금 쑥스럽기도 하네요. 졸업한 지 15년이나 됐고 사실 학교 다닐 땐 전혀 친하지 않았거든요. 서로 이야기했던 기억도 가물가물하고요. 지금 생각하니 내가 기도할 이유도 없었던 것 같아요. 차라리 모르는 사람한테 눈 딱 감고 전화하는 게 낫겠다 싶기도 하고."

내가 골똘히 생각하는 표정이 되자 한 변호사님이 불쑥 이렇게 물으셨다.

"그런데 신 변호사. 그 사건에 왜 그렇게 열심이오?"

"예?"

"혹시 집안일이오?"

"아……니요."

나는 피식 웃음이 나왔다. 그러고 보니 한동안 나는 기회가 될 때마다 이 사건을 가지고서 묻지도 않았는데 진행 상황을 보고하고 앙케트 조사를 해댔으니 다른 변호사님들의 오해를 살 만도 했다. 하지만 내가 왜 그리 그 사건에 목을 맸는지 나 자신도 사실 꼭 집어 이유를 설명할 수 없었다. 어쩌면 그날 이미연 씨가 나를 찾아와 낮술을 마시면서 아이들 이야기를 할 때, "예쁘죠?" 하면서 내게 딸의 사진을 보여주었을 때, 애들 시집갈 때까지는 경제활동을 하고 싶다는 말을 하면서 눈물을 글썽였을 때, 그녀의 소망은 어느새 나의 소망이 되어버린 것 같았다.

　나는 처음 변호사가 된 뒤 흔히들 말하는 법정 외 변론에 대해서 어떤 입장을 가져야 하는 것인지 혼란스러웠다. 미국 변호사인 남편은 내가 우리나라 변호사들이 판사를 찾아가 변론을 한 이야기를 하면 화들짝 놀란다.

　"판사와 한쪽 당사자 대리인이 법정 외에서 사건을 논의하다니 말도 안 돼. 너무 불공정해."

　특히 민사사건의 경우, 공명정대해야 할 판사에게 다른 쪽이 전혀 방어할 수 없는 밀실에서 한쪽의 말만 쏟아놓게 되는 법정 외 변론이 불공정하다는 것은 수긍이 간다. 사실 변호사 입장에서도 사건 때문에 판사를 만나거나 전화 통화를 하는 일은 썩 유쾌한 일은 아니다.

　하지만 옳고 그름을 떠나서 나는 당시 정준호 재판연구관에게 전화를 꼭 해야만 할 것 같았다. 오히려 하지 않는다면 내가 나의 의무를 다하지 않는 것처럼 여겨졌다.

　'그래, 이건 나의 사명이야.'

나는 어느새 정준호 재판연구관에게 전화하고 있었다.

"이야, 오랜만이다. 웬일이야, 네가 전화를 다 하고?"

정 판사는 뜻밖의 전화에 놀란 듯하였으나 내가 미안하지 않게 반갑게 받아주었다. 아마도 친구나 선후배 변호사들로부터 이런 전화를 숱하게 받아보지 않았을까. 나는 에라 모르겠다, 있는 그대로 그냥 솔직히 털어놓았다.

"응, 저기 말이야. 내가 정말 꼭 도와주고 싶은 사람이 있는데, 바로 너희 재판부에 사건이 있어."

나는 사건 내용을 대충 간략하게 설명하면서 덧붙였다.

"부담 주려는 건 아니고……."

이렇게 말은 했지만, 속으로는 '아니긴 뭐가 아니야, 부담 주지 않으려면 뭐 때문에 전화하니?'라고 스스로에게 반문하고 있었다.

"그 사건이 통상적인 연대보증 사건과는 좀 다른 점이 있어서 말이야, 좀 더 고민해줬으면 하는 거야. 사실 내가 아는 대법원 재판연구관은 너밖에 없어서 너희 부로 배당되기를 날마다 기도했어."

"그래? 하하…… 잠깐만, 사건번호 좀 말해봐."

"가합13455호, 당사자는 이미연 외 1인, ○○조합중앙회야."

"응, 가만있어 봐. 내가 안 가지고 있는데? 아직 내 방에 사건이 없어."

"뭐라고? 너네 부 맞는데? 민사 제1부 김승태 대법관님실 말이야."

"아, 그게 말이야. 아직 대법관님이 가지고 계신가 봐. 원래 대법관님이 보시고 우리한테 넘겨주시거든. 아직 한 달 안 됐지?"

"응, 적어도 한 달은 걸리는가 보지?"

"그렇지, 더 걸릴 수도 있고. 그리고 우리 부에 재판연구관이 두 명이잖아. 나 말고 옆방에 배당될 수도 있어."

"그럼, 확률이 반반이네."

"음, 그리고 대법관님이 아예 우리한테 안 넘기실 수도 있어."

"뭐야? 그럼 어떻게 되는 거지?"

"우리 대법관님은 사건을 먼저 보시고 사건이 복잡하거나 연구할 만하다 싶은 것들만 우리들에게 배당하시고, 간단한 건 직접 처리하셔."

"그러니까 너한테 올 확률은 반의반도 안 되는구나."

"그렇지. 기도를 조금 더 해야겠는걸."

"그러면 일단 연구관한테 넘어온 사건은 어느 정도 기대할 수 있는 사건이겠구나. 그런데 대법관님이 기각이나 심리불속행 처리하시면 어쩔 수 없는 거고."

내가 약간 염려하는 듯 말하자 정 판사는 경쾌한 어조로 맞받았다.

"걱정 마, 우리 대법관님은 부지런하고 합리적인 분이셔. 특별히 부탁하거나 하지 않거나 결론이 달라지진 않을 거야. 원심이 부당한 판결이었다면 네가 굳이 걱정하지 않아도 승소할 수 있을 거야."

"그렇겠지?"

사실 그게 진실일 것이다. 그런데 그건 사법부의 이상이기도 하다. 판사는 부지런하고 합리적이어서 일을 빨리 처리하면서도 공정하게 판단하고, 변호사는 이길 사건은 이기고 질 사건은 지니까 법원에 대한 로비 따위 할 필요 없고, 혹시라도 원심이 부당하면 상급심에서 파기되고. 재판연구관인 친구는 사법부의 이상형을 자기도 모르게 완벽하게 읊조리고 있었다.

그러나 한 달 후, 출산 휴가 며칠 전 결국 심리불속행 결정 소식을 듣고 말았다. 결정문은 도착하지 않았는데, 비서가 인터넷으로 확인하여 미리 알려준 것이었다. 그 소식을 듣고 나니 너무 실망해서 점심 먹으러 가기가 싫어질 정도였다. 정말 입맛이 떨어진다는 게 이런 것이구나 싶었다.

"변호사님, 당사자한테 미리 알려줄까요?"

내가 이런데, 당사자는 어떨까 생각하니 차마 알려주기가 미안했다.

"결정문이 오면 그때 알려주지요. 좋은 소식도 아닌데."

그러던 중 나는 출산을 했고 산후조리하느라 침대에 누

운 채 가끔 전화로 비서의 보고를 받곤 했는데, 어느 날 비서가 상고결정문이 도착해서 이미연 씨에게 알려줬다는 소식을 전했다. 얼마나 실망이 컸을까 생각하니 가슴이 아팠다. 그리고 이미연 씨가 나와 통화하고 싶어 해서 핸드폰 번호를 가르쳐줬는데, 마침 내가 당시 출산 즈음이어서 전화를 받지 못했다. 그로부터 얼마 후 이미연 씨가 보낸 축하 화분이 도착했다. 너무나 곱고 풍성한 양란의 꽃잎과 잎새는 성서 속의 돌아온 탕자를 두 팔 벌려 맞이하는 아버지처럼 보였다. 그리고 그 화분은 거실 한편을 차지하고 앉아 있어서 볼 때마다 나를 사색에 빠지게 만들었다. '이제 이미연 씨는 어떻게 해야 하나, 변호사로서 나는 그녀를 위해 무엇을 해줄 수 있나' 하는 생각에서 시작해 '변호사는 무슨 일을 하는 사람인가, 변호사는 어떻게 일해야 하는가, 어떤 변호사가 좋은 변호사인가, 나는 좋은 변호사인가……' 하는 생각이 꼬리에 꼬리를 물며 묻고 또 묻게 되었다.

판사의 언어로 말하기

어느덧 희미하게 새어들어 오던 불빛은 푸르스름한 새벽빛으로 변해 있었다. 얼마나 시간이 흘렀을까. 나는 도사에게 이미연 씨를 도와달라고 떼를 쓰는 꿈을 꾸고서 거실로 나온 뒤 그녀가 보낸 양란 잎새를 만지작거리며 그렇게 한동안 서 있었다. 출산한 뒤 몇 주를 집에서 쉬고 있으니 왠지 맑게 가라앉는 기분에 세상이 더 선명하게 보이는 듯했다. 덕분에 새롭게 깨달은 것들도 있고 이미 지나간 경험들이 새롭게 해석되기도 했는데, 그중 하나가 바로 이미연 씨 사건과 관련된 것이다.

나는 우리 엄마를 비롯해 많은 사람들이 남의 사정을 봐주느라, 쉽게 말해 정에 약해서 가끔 비합리적인 결정을 한다고 생각했다. 그래서 연대보증에 발목 잡힌 이미연 씨에게 연민을 느꼈다. 그러면서 나는 그렇지 않을 줄 알았다. 그런데 나 역시 그 굴레에서 자유롭지 못한 사람이었다. "신 변호사, 집안일이오?" 하고 김 변호사님이 물으셨을 때까지도 내가 일에 몰입해 있어 그렇다고만 생각했다. 그런데 그것은 일에 몰입한 것을 넘어서서 그녀의 연대보증인 노릇까지 한 것이었다. 순수하게 일에만 몰입했더라면 재판연구관에게 전화를 걸지는 않았을 것이다. 그보다는 서면을 더 치밀하게 쓰는 데 집중하고 상고이유서를 써서 낸 뒤에는 그 결과에 대해서 더 이상 집착하지 않았을 것이다. 그랬더라면 가슴이 아프지 않았을 것이다.

왜 내 꿈속에서는 법대 위에 판사가 아닌 도사가 앉아 있었는지, 왜 나는 꿈속에서 변론은 하지 않고 떼를 쓰고 있었는지, 왜 하필이면 김동국 변호사를 만난 날 그런 꿈을 꾸었는지……. 새벽빛이 밝아오듯 그 이유를 알 것 같았다.

　판사를 설득하려면 판사의 언어로 이야기했어야 했다. 그런데 나의 언어로 말하면서 같은 인간인 판사가 도사처럼 내 마음을 다 알아주기를 바랐던 것이다. 완전히 의뢰인의 편이 되기보다는 자꾸만 주관적이 되려는 자기를 추슬러 객관적인 관점에서 보려고 하였더라면 오히려 더 좋은 상고이유서를 쓸 수 있었을 것이다. 그런데 나는 그녀의 심리적인 연대보증인이 되어서는 떼를 쓰듯 친구에게 전화를 걸기까지 했다. 김동국 변호사는 무심히 이야기하였지만 그의 말들은 나에게 거울이 되어주었던 것이다.

" 소송은 생물이라는 말이 있다.
  쉽게 승소를 장담할 수도,
  패소를 예상하고 포기할 수도 없다.
  소송은 살아 있다. "

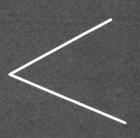

4장

워킹 홀리데이

소송은 생물이다

이 사건이 기억에 남는 건 왜일까. 내가 겨우 2년차 변호사 시절이었고, 해결 과정에서 아주 다양한 생각거리들이 있었기 때문이었다. 나는 이 사건을 통해서 재판을 만들어가는 여러 가지 요소들을 다양하게 접했고, 그 결과 마치 복잡한 레시피의 요리를 제대로 완성한 성취감을 맛보았던 것 같다. 재판 결과도 좋았지만 재판이 끝나고 난 뒤 재판을 만들어간 사람들에 대해서 더 많이 생각하게 되었던 사건이었다.

　"소송은 생물이다"라는 말이 있다. 소송은 시작할 때, '사실이 이러이러하므로 결국 이런 결과가 나올 것이다'라고 쉽게 단정짓기 어렵다. 불쑥 새로운 증거가 튀어나오기도 하고 당사자의 마음이 바뀌어서 해결의 실마리가 엉뚱한 데서 생기기도 한다. 그래서 쉽게 승소를 장담할 수도, 패소를 예상하고 포기할 수도 없다. 소송은 살아 있다.

아마도 이 사건은 내가 신참 변호사였기에 오히려 결과가 좋았던 사건이어서 내 기억에 남아 있나 보다. 노련하고 경험 많은 변호사였다면 이 사건은 매우 단순하고 무미건조해서 그냥 기계적으로 처리하고 끝냈을 사건이었을 수도 있었다. 하지만 나에게는 이 사건이 인간의 본성을 다루는 문제처럼 조심스러웠고, 재판 과정 내내 인간의 살을 만지는 의사의 심정이 되었던 것 같다. 지금 돌이켜 보니 이 사건이 기억에 남은 이유를 알 것 같다.

호주에서 생긴 일

안녕하세요. 변호사님. 저는 김영수라고 합니다. 저는 작년 3월, 호주에 1년 기간으로 워킹홀리데이 비자를 가지고 갔습니다. 첫 외국 여행이고 영어도 잘하지 못해 홈스테이와 6주 코스로 영어 학원을 등록했습니다. 영어 학원에서 기찬이와 은우를 만나게 되었습니다. 짧은 기간이었지만, 같은 반이고 한국 사람인 우리는 금방 친해졌고, 영어 학원 코스가 끝날 때쯤 기찬이가 한국 친구들끼리 함께 여행을 가자고 제안했습니다. 그 시기는 제가 홈스테이에서 일반 하숙방으로 옮기는 시기라 처음에는 갈 수 없다고 했지만, 저의 홈스테이 주인의 배려로 여행하고 돌아올 때까지 홈스테이에 머물 수 있게 해주어, 갈 수 있게 되었습니다.

일행은 모두 아홉 명으로, 그레이트 오션까지 미니밴 렌터카를 가지고 갔는데, 그 렌터카는 기찬이와 그와 함께 한국에서 온 성운이라는 친구가 빌렸습니다. 목적지에 가는 도중 저와 기찬이, 성운이가 국제면허증을 가지고 있어서 세 사람이 교대로 운전을 하기로 하였습니다.

첫날은 목적지에 도착하기 전에 어두워져서 야영장에서 머물렀고, 그 다음 날 새벽에 다시 출발했는데, 다른 친구들이 모두 피곤한 것 같아 제가 운전을 하겠다고 하였습니다.

그러다 목적지에 가는 도중 사고가 났습니다. 사고 지점은 편도 1차로 급커브 길이었는데, 약간 내리막길이어서 급히 좌회전을 하다 가드레일을 들이받으면서 급제동하였습니다. 차가 멈춘 뒤 저는 "너희들 괜찮아?" 하고 뒤를 돌아보았는데, 제 바로 뒷좌석의 은우와 그 뒤의 기찬이 몸의 윗부분이 차 바깥으로 빠져나가 가드레일과 차 사이에 끼어 즉사한 상태였습니다……

이후 호주 경찰들이 현장에 도착하여 수사를 시작했고, 김영수는 즉시 호주 변호사를 선임하였다. 그리고 10개월 후 호주 법원에서 판결이 나왔는데, 결과는 '부주의 운전과 제한속도위반에 대한 죄'로 벌금 1천 호주 달러(당시 환율로 한화 약 70만 원)와 12개월간 운전면허 정지였다. 김영수는 호주에 위 벌금을 냈고, 사건이 종결되었다.

> [……] 사고 후 5~6일이 지나 기찬이와 은우의 장례식이 호주에서 치러졌으며, 장례식 날 처음으로 죽은 친구들의 부모님을 뵈었습니다. 친구들을 화장한 다음 날 그 부모님들을 다시 찾아뵙고 사죄를 드렸습니다. 그리고 부모님들은 애통해하셨지만, 친구들끼리 놀러 갔다가 당한 일이고 이미 죽은 사람을 어쩌겠냐면서 용서해주셨습니다. 그런데 워킹홀리데이가 끝나고 제가 한국에 돌아오니, 기찬이의 아버지가 저를 고소하셨고 저는 바로 구속되었습니다.

김영수의 가족들은 김영수가 간단하게 사건의 개요를 편지 형식으로 쓴 것을 들고 와 보여주면서 나를 선임하였다. 사건 내용을 처음 들었을 때 '일사부재리 원칙'[1]이 떠올랐

---

1 형사소송법에서, 한번 판결이 난 사건에 대해서는 다시 공소를 제기할 수 없다는 원칙을 말한다.

다. 이미 호주에서 재판을 받았고 집행까지 끝났는데 또 한 국에서 재판을 받아야 하나? 한국에서 일어난 사건이었다 면, 당연히 일사부재리 원칙에 따라 면소 판결했겠지만, 우 리나라 형법상 외국에서의 재판은 이미 집행이 끝났더라도 임의적 감면 사유에 불과하므로 피해자가 고소하면 다시 공소 제기가 가능했고, 한국에서 재판도 다시 받아야 했다.

게다가 한국 법정에서는 사람이 두 명 죽었다면 교통사 고처리특례법 위반, 업무상과실치사경합범으로, 호주에서 처럼 '부주의 운전과 제한속도위반의 죄'로 벌금 70만 원에 그칠 사안은 아닌 듯했다. 피해자가 고소하자마자 당장 구 속된 것만 보더라도 지금 상황에서는 적어도 벌금이나 집 행유예 사안은 아닌 것이다. 이미 영장실질심사도 받았는 데 영장이 발부된 상태였다. 사실 사람이 둘이나 죽었는데 우리나라에서는 '도로교통법 위반' 정도에 해당되는 것 같 은 '부주의 운전과 제한속도위반의 죄'로 벌금 70만 원이 라는 것은 이상할 정도로 관대한 처분이다. 하지만 호주가 사람의 인명을 가볍게 여기는 나라는 아닐진대, 호주 법원 에서 10개월간 재판 끝에 벌금 70만 원과 12개월 운전면허 정지 정도의 처벌로 판결을 내렸다면, 분명 그만한 이유가 있을 것이었다. 그래서 나는 희망을 가지고 사건을 수임하 였다.

당장 경찰서의 유치장에 있는 김영수를 면회했다. 돌이

켜 보면 당사자와 만나는 시간은 사건 해결의 방향을 찾는데에 80~90퍼센트를 좌우하는 것 같다. 당사자와 만나는 순간부터 변호인은 그 사람 생에 있어 절박한 순간에 그의 삶에 뛰어들게 되고, 그의 삶이 바로 내 삶의 일부가 되어 해결의 순간까지 동고동락한다.

경찰서에서 처음 만난 김영수는 26세의 평범하고 예의 바른 젊은이였다. 그로서는 지금이 그간의 짧은 생애 중에서 가장 힘든 시기를 보내는 중일 것이었다. 하지만 나는 짐짓 그의 마음을 편하게 해주기 위해 별일 아니라는 듯 가볍게 웃으며 말을 건넸다.

"어때요. 있을 만한가요?"

김영수는 처음에는 다소 긴장한 듯했지만, 내가 편안하게 물어보니 이내 누나에게 하듯 이야기를 술술 풀어냈다. 덕분에 호주에서의 사고 경위, 재판 진행 내용, 그리고 구속되기까지 고소인과 있었던 일들에 대해서 자세히 들을 수 있었다.

과연 우리에게 유리한 점들이 몇 가지 있었다. 죽은 친구들은 운전자인 김영수와 같은 편의 뒷좌석과 그 뒷좌석에 각각 앉아 있었는데, 운전자와 달리 안전벨트를 매고 있지 않았다. 당시 미니밴이 가드레일에 부딪치면서 동승자들의 몸이 위로 솟구쳤는데, 다행히 운전자인 김영수는 안전벨트를 매고 핸들을 잡고 있었기에 사망을 면할 수 있었던 것이다. 또한 호주 경찰과 검찰의 수사도 허술하지 않았다. 조사부터 판결까지 10개월이 걸렸고, 당시 스키드마크[2] 분석을 통해 제한속도 60Km/h 지점에서 72Km/h로 과속한 점에 대해 유죄가 인정된 점을 볼 때, 과학 수사도 이루어졌다고 볼 수 있었다. 당시 현지에서 사건을 변호했던 호주 변호사로부터 자료를 받으면 더 유리한 정황들을 많이 확보할 수 있으리라는 생각이 들었다. 나는 당장 호주에서 사건을 맡았다는 애드리언 스트라우치라는 변호사에게 메일을 보냈다.

안녕하세요.
저는 김영수의 사건을 맡은 한국의 변호사입니다.
귀사에서 지난해 있었던 김영수 씨 사건을 잘 처리해주신 것을 잘 알고 있습니다. 그 덕분에 호주법에 따라 김영수 씨는 약간의 벌금과 12개월 운전면허정지 결정으로 사건이 마무리되었지요. 그런데 지금 한국에서는 피해자의 유족이 다시 고소를 하여 김영수 씨가 다시 한국법에 따라 재판을 받게되었습니다. 한국법에 따르면 외국에서 재판을 받고 집행을 받았다 하더라도, 한국 법원에서 다시

2 자동차가 급브레이크를 밟았을 때 길 표면에 생기는 타이어의 미끄러진 흔적. 이 흔적을 분석하면 자동차가 브레이크를 밟기 직전에 달리고 있던 속도와 교통사고 원인을 알아낼 수 있다.

재판을 받을 수도 있게 되어 있습니다.

게다가 한국 형법은 엄격한 행위책임주의가 아니라, 결과책임을 고려하기 때문에 한국 법원에서는 운전자의 과실로 사람이 죽은 경우, 그 과실의 종류나 수준을 묻지 않고, 제한속도를 초과했다는 사실만으로도 인과관계가 있다고 보고, 운전자에게 과실치사의 책임을 인정합니다.

따라서 그것이 아무리 사소한 부주의라 할지라도 김영수 씨의 운전상 과실이 인정된 이상 이 상황에서는, 김영수 씨가 징역형을 선고받을 가능성이 높습니다. 현재 한국법과 관행에 따라 김영수 씨는 피해자 유족의 고소로 경찰에 체포되었으며 법원의 영장발부로 구속 수감되어 있습니다. 저는 김영수 씨의 변호인으로서 재판을 준비하고 있으며 재판을 위해 다음과 같은 자료들이 필요합니다. 이들 자료를 메일이나 팩스로 보내주시면 고맙겠습니다.

1) 호주 법원은 두 사람이 죽은 것에 대해서는 김영수에게 책임이 없다고 판단했음을 증명할 자료.
• 호주 법원은 김영수 사건을 10개월간 충분히 심리하였으며 그 심리의 범위가 결코 과실치

사 부분은 제외한 것이 아니고 그 부분도 고려하였지만, 호주법에 따르면 김영수의 운전상의 과실이 있더라도 그 과실은 두 사람의 죽음에 대한 책임과는 무관하다는 결론에 이르렀기 때문에 '부주의 운전'에 대한 책임만을 인정했다는 사실을 증명할 수 있는 자료가 필요합니다.

2) 사건이 일어난 경위를 사건 현장에 있는 호주 경찰이 과학적이고 합리적으로 이미 수사하고 분석해서 사실관계를 파악했다는 점을 나타낼 자료.

- 사건 현장 수사 자료, 미니밴이 가드레일에 부딪친 경위, 제한속도 60Km/h인 지점에서 72Km/h로 운전한 것을 밝혀낸 자료. 특히 죽은 피해자들이 안전벨트를 매지 않았다는 사실을 기록한 자료 등.

- 그 지점이 원래 사고가 많이 나는 지역이라는 점.

아울러, 제가 알기로는 영미법 체계에서는 과실의 종류와 수준은 경과실careless, 단순과실negligence, 중과실gross negligence, 부주의reckless가 있는데, 적어도 죽음에 대한 책임을 인정하려면 중과실 수준의 과실이 있어야 하고 경과실 수준의 과실은 단순

과실에도 미치지 않는 경미한 과실이어서 과실치
사의 책임은 묻지 않은 것으로 판단되는데, 이에
대한 공식적이고 권위 있는 의견이 있으면 확인 부
탁드립니다.

이 사건이 흥미로웠던 점 중 하나가 바로 호주법과 한국
법상 '과실치사'에 대한 관점의 차이였다. 호주를 포함한
영미법 체계에서는 과실의 종류와 수준을 다양하게 나누
고, 사망이라는 의도하지 않은 중한 결과에 대해서까지 책
임을 지우는 경우를 엄격하게 제한하고 있었다.

김영수 사건의 경우, 김영수가 술이나 마약을 했다든지
무면허 운전이었다든지 등 중대한 과실이 아니라 사망의 결
과를 가져올 가능성이 낮은 경과실이었기에 그 위반 행위
자체에 대해서만 책임을 묻고 사망에 대해서는 책임을 묻지
않은 것 같았다. 형법총론 교과서에서 다루고 있는 과실론
이니 결과적가중범[3]이니 인과관계니 책임의 제한이니 하는
추상적이고 철학적인 논제들의 결론이 바로 한 사람을 구
속시킬 수도 석방시킬 수도 있는 결정적인 근거가 되고 있
었다.

호주 변호사의 답신을 기다리는 동안 나는 이 주제에 대
해 흥미 있게 연구하면서 주위 변호사님들께 이 사건에 관

3   폭행치사, 강간치상처럼 고의범에서 행위자가 예기하지 않
았던 중한 결과를 야기함으로써 형이 가중되는 범죄를 뜻한다.

하여 의견을 물어보았다. 그러면서 나는 또 다른 새로운 사실을 알게 되었다. 차장검사 출신의 변호사님으로 20년 넘게 형사사건을 다루어오신 유 변호사님은 사건 내용을 듣자마자 조금의 망설임도 없이 이렇게 말씀하셨다.

"신 변호사, 그 사건에 너무 힘 빼지 마세요. 호주 법원은 사람 목숨을 우습게 아는 모양인데, 한국에서는 두 사람 죽었으면 무조건 실형이오. 유족들한테 위자료 두둑이 주고 합의하면 집행유예로 나올 가능성은 있지. 변호사가 더 할 일은 없어요. 가족들한테 빨리 고소인이랑 합의나 하라고 종용하세요."

부장판사 출신 심 변호사님은 한 발 더 나아가셨다.

"우선 피해자하고 합의부터 하세요. 우리나라 법원에서는 과실치사 사건에서 피해자와 합의가 안 된 경우는 실형 1년 6개월이 공식입니다."

사실 피해 보상이나 피해자와의 합의도 중요하다. 그렇다고 해서 김영수의 행위 자체에 대한 섬세한 평가 없이 김영수에게 두 사람의 죽음에 대한 책임을 다 지운 채, 유족들이 김영수로부터 위로금을 받아야만 김영수를 용서해줄 수 있다는, 마치 유족들의 마음에 김영수의 자유가 달려 있도록 하는 그 법적 상황이 과연 정의로운 것인가. 나는 결과보다는 행위 자체에 대한 신중한 고찰과 판단이 우선 이루어져야 한다고 생각하고, 일단 호주 변호사의 자료를 기다리기로 했다.

　3일 만에 온 스트라우치 변호사의 답신은 거의 환호할 만했다. 스트라우치 변호사는 내가 메일로 요구한 것 이상으로 상세한 자료들을 보내왔다. 과연 예상한 대로 호주 법원은 사망에 대한 책임 유무를 세심하게 심리하였으나 영미법 체계상의 엄격한 행위책임 원칙에 따라 김영수의 책임을 부주의 운전 및 속도위반에 대한 것으로 제한한 것이었다. 호주 경찰 역시 사고 직후 김영수를 연행하여 알콜과 약물 반응 검사를 실시하고 스키드 마크 조사 등 현장 수사를 신속히 실시한 후 증인들의 증언과 김영수의 자백을 확보하는 등 순발력 있게 사건을 처리했다.

　더욱 고무적인 것은 처음 호주 경찰은 부주의 운전, 제한속도위반과 함께 '위험한 운전dangerous driving'까지 세 가지 혐의로 김영수를 기소하였다가 수사관 및 검찰 당국과의 회의 후, '위험한 운전' 부분은 공소 유지가 어려움을 인정하고 철회하였다는 점이었다. 그리고 호주법상 사망에 대한 책임이 인정되기 위한 과실은 '사망을 야기할 만한 과실이 있는 운전culpable driving causing death'으로서 '위험한 운전'보다도 두 단계 더 높은 수준의 과실이 요구되었다. 따라서 김영수의 과실 운전은 호주의 검찰과 법원의 판단으로는 모두 사망에 대해서는 책임을 지울 수 없는 상황이었던 것이다. 스트라우치 변호사는 모든 자료를 보내주면서, 자기로서는 김영수가 한국법상 구속되었다는 점을 이해할 수 없다는 의견을 덧붙였다. 나는 쾌재를 부르며 스트라우치 변호사가 보내준 모든 기록들을 검토하고 그중 유리한 수사 자료와 증언들을 추려내어 간단히 번역하는 등 만반의 자료를 갖추어 변호인 의견서를 작성하여 법원에 제출하고, 재판기일을 준비했다.

관점이 다르다

재판 당일, 검사의 공소사실에 대한 진술이 있었다. 김영수가 제한속도위반의 과실 운전으로 두 사람을 사망케 한 결과에 이르게 하였다는 것이 그 요지였다. 나는 피고인 반대신문을 통해 김영수의 운전상의 과실이 경미하며, 당시 피해자들은 안전벨트를 매지 않고 있었고, 김영수와 앞뒤로 나란히 앉아 있었기 때문에 김영수 역시 안전벨트를 매지 않았거나 핸들을 잡지 않았더라면 마찬가지로 사망하였을 수 있다는 사실을 강조하였다. 그리고 호주 법원에서 이미 과실치사 부분도 심리하였으나 벌금형으로 판결이 났고, 당시 알콜 및 약물 반응 검사, 스키드 마크 분석 등 현장 조사도 신속히 이루어진 점 등을 피력했다. 그러나 검사는 비록 과실이기는 하나 두 사람이나 사망했고, 피해자와 합의도 하지 않았다며 징역 3년을 구형했다. 나는 변호인으로서 최후변론을 하기 위해 일어났다.

"호주에서 비교적 가벼운 처분을 받은 것은 호주법이 인명 사고에 관해 관대하기 때문이 결코 아닙니다. 호주에서도 죽음을 야기하는 정도의 과실이 인정되면, 사망을 야기할 만한 과실이 있는 운전이라고 하여 20년 이하의 징역형에 처해질 수 있습니다. 그런데 사람이 죽었다는 결과는 물론 중대한 것이지만 피고인의 경우처럼 과실이 크지 않은 경우라면, 그 죽음의 원인을 전적으로 피고인에게 돌리는 것은 부당합니다. 이는 피고인이 져야 하는 책임의 범위는 그 행위의 위법성의 크기에 제한되어야 한다는 사고에 바탕한 것입니다. 호주는 한국과는 달리 운전석이 오른편에 있습니다. 사고 지점은 왼쪽 급커브 지역이었고, 한국에서의 운전에 익숙한 사람들이 오른쪽 운전석에 앉아 급좌회전을 하기 위해서는 어느 정도 적응 시간이 필요할 것이고, 이것은 피고인이 아니라 누구였더라도 같은 실수를 저지를 수 있는 상황임을 의미합니다. 그리고 아홉 명의 친구들이 여행하면서, 운전할 줄 아는 세 사람이 교대로 운전하고 있었습니다. 즉, 당시 죽은 박기찬이 운전을 하고 피고인이 그 뒷좌석에서 안전벨트를 매지 않고 있었더라면 두 사람의 운명은 바뀌었을 수도 있는 문제인 것입니다. 이 사건을 보통의 과실치사 사건과는 구별하여 피고인에게 관대한 처분을 내려주시기 바랍니다."

지금 생각하면 좀 민망하지만 나는 거의 벌금형 또는 집행유예를 자신하며 의기양양하게 재판장을 바라보았다. 재판장은 법대에 그림처럼 앉아서 뭔가 골똘히 생각하는 듯하더니 기록을 뒤적거리면서 앞도 보지 않고 심드렁한 목소리로 한마디 했다.

"피고인, 피해자랑 합의했어요?"

순간 나는 잠시 멍해지면서 유 변호사님과 심 변호사님의 얼굴이 번갈아 떠올랐다. 내 머릿속에서 두 분이 '거봐요. 힘 빼지 말라니깐…….' 하면서 웃고 계셨다. 재판장은 선고기일을 잡으면서 그 전에 피해자와 합의하라는 말만 던지고는 변론을 종결하였다.

그날 이후 나는 고민에 빠졌다. 재판부의 의도는 분명했다. 피해자와의 합의를 요구하는 것이다. 보석 신청을 한 지 거의 일주일이 다 되었는데도 재판부의 반응이 전혀 없는 것으로 보아, 두 변호사님 말씀대로 피해자와 합의가 없으면 집행유예도 어려울 것 같았다. 정말 유 변호사님 말씀대로 더 이상 변론에 힘쓰지 말고 가족들한테 피해자에게 위로금 두둑이 주고 합의하라고 종용해야 하나. 판사님은 내가 제출한 의견서와 자료들을 보시기나 한 것인가. 그래, 어쩌면 사건이 워낙 많다 보니 기록을 다 보지 않은 게야. 그냥 뻔한 운전자 과실 교통사고라고 치부하고 그냥 다른 사건들과 같거니 하고 대충 넘기신 게지. 혹시 영어가 약하셔서 호주 기록을 안 보셨나? 나는 별의별 생각을 혼자 다 해보다가 이럴 게 아니라 정면 돌파를 해보기로 마음먹었다.

다음 날 나는 법원의 판사실을 찾아갔다. 이 사건 재판장이셨던 김 판사님은 내가 면담 신청을 하고 불쑥 들어서자 눈이 휘둥그레지셨다. "이쪽으로 앉으시죠" 하시며 편한 자리를 내주셨다.

"몸도 무거우신데 웬일로 올라오셨습니까?"

나는 그때 만삭이었다.

"판사님, 제 사건 기록을 조금 브리핑해드리려고 합니다. 사건 기록 중에 영어가 많고 보시기가 복잡하실 것 같아서요"라고 말했더라면 좋았으련만, 불쑥 내 입에선 이렇게 솔직한 말이 튀어나오고 말았다.

"판사님께서 기록을 보지 않으신 것 같아서요. 제가 설명 좀 드리려고요."

'어머나, 이를 어째' 나는 속으로 '아차' 했지만 이미 늦었다. 판사님도 기가 막히셨던지 한동안 아무 말이 없으셨다. 어색한 침묵이 흘렀다.

"그럴 리가 있습니까. 기록 다 봅니다."

다행히 판사님이 다혈질이 아니셨다. 침착한 어조로 무표정하게, "왜 그렇게 생각하셨습니까? 판사가 기록을 보지 않고 어떻게 재판합니까?" 하고 반문하셨다.

　"아, 예. 이 사건이 보통의 교특법[4] 위반과는 다른 점이 있지 않습니까? 그런데 판사님께서 지난 재판기일에 피해자와 합의만 강조하시기에……. 그리고 중요한 자료들이 영어로 되어 있기도 하고 해서, 제가 간단하게 브리핑해드리면 더 도움이 될 것 같기도 하고요."

　"예, 기록 다 봤습니다. 충분히 이해했고요. 변호사님 변론 요지도 다 수긍이 갑니다. 하지만 이런 고소 사건은 피해자를 의식하지 않을 수 없습니다. 법원이 가해자를 관대하게 처분하면 피해자는 언제 어느 기회에 구제받겠습니까?"

　"그렇긴 합니다만, 그래서 이 사건이 특이하다고 하지 않습니까. 이 사건에서 피해자를 구제해야 할 책임이 전적으로 피고인에게 있다고 볼 수 있습니까? 우선 피고인의 과실이 그 정도로 큰 것인지부터 먼저 밝혀야 하는 거 아닌가요?"

　나는 내친김에 기록을 펼쳐서 여기저기 짚어가면서, 진짜 브리핑을 하기 시작했다.

　판사님은 너무 순식간에 일어난 일이어서인지 그냥 묵묵히 듣고만 계시고 나는 호주 검찰과 법원의 판단 내용, 한국과 달리 운전석이 오른편에 있었고 급좌회전의 커브 길이었던 현지 사고 지점의 지도, 안전벨트를 매지 않고 있었다는 현장 수사 기록 등등을 지적하고, 호주법상의 과실 단계

4　교통사고처리특례법을 말한다.

와 책임 관계 등 할 말을 다 한 뒤 판사님을 쳐다보았다. 또, 어제 법정에서와 똑같은 일이 벌어지려나 하고 생각하면서. 판사님은 한참 생각하더니 이렇게 말했다.

"그래요. 그런 민감한 부분이 있긴 하지요. 우리는 과실을 그렇게 세분하지는 않으니까요. 그리고 무엇보다도 피해자가 보상받을 수 있는 최후의 기회가 법원이잖아요. 저는 형사재판할 때는 항상 피해자들이 방청석에 앉아 있다고 생각합니다."

"판사님, 원칙적으로 피해자 구제를 의식하는 것, 그 자체는 저도 동의합니다. 하지만 그것이 고의적인 살해처럼 피해자의 죽음에 대해 100퍼센트 피고인에게 책임을 돌릴 수 있을 경우에는 정의에도 합치한다고 할 수 있겠죠. 하지만 이 사건은 다릅니다. 세 사람이 교대로 운전하고 있었습니다. 피고인은 자신이 운전을 했기 때문에 살아남았을 뿐, 피해자가 운전을 했더라면 피고인이 피해자가 될 수도 있었던 그런 경우입니다. 이런 단순과실의 경우에도 피해자의 죽음에 대한 책임을 100퍼센트 피고인의 책임으로 돌리고 그 보상을 피고인에게 요구하는 것이 정당한가요? 피해자 가족들이, 피고인이 그 죽음에 대한 책임을 다 져야 한다고 생각하고, 또 그것이 과연 정당한가 하는 문제에 대해서 법원이 한쪽을 지지해줄 필요가 있나요?"

"변호사님, 이론적으로는 변호사님 말씀에 저 역시 동감합

니다. 그런데 관행이라는 것이 있습니다. 아시다시피 우리
나라는 민사 문제를 형사소송에서 해결하려는 경향이 있지
않습니까. 그리고 그것이 관행처럼 굳어져 버렸어요. 어차
피 형사에서 합의가 되지 않아도 민사소송으로 또 그만큼
보상금을 청구할 거예요. 그걸 형사소송에서 한꺼번에 해
결하는 것이 전체적으로 보면 좋을 수도 있어요. 피해자나
가해자나 하루빨리 소송에서 해방되는 것이 서로의 인생에
도움이 되지 않겠습니까. 그래서 지금까지 수천수만 건의
교통사고 사건이 이런 식으로 처리되어 왔어요. 저도 변호
사님 말씀대로 피고인에게 책임을 다 돌리는 것이 불합리
하다는 건 동의하는데, 갑자기 이 사건만 새로운 관점으로
처리하게 되면 다른 사건과의 사이에 형평상의 문제도 생
깁니다."

　한동안 침묵이 흘렀다. 판사님도 나도 서로의 관점에 대
해서 곰곰이 생각한 시간이었을 것이다. 침묵을 깨고 판사님
이 물으셨다.

　"피해자하고 합의가 안 되겠습니까?"

　나는 김영수의 가족들이 하던 이야기를 떠올렸다. 김영
수의 부모는 박기찬의 아버지가 오로지 돈 때문에 이 소송
을 벌였다고 생각하여 감정이 몹시 상해 있었다. 호주에서
는 용서한다고 해놓고서 1년이 지나서 아들이 한국에 돌아
오자마자 느닷없이 고소하여 구속되게 만들었으니 감정이

좋을 리 없었다. 감정이 나쁘지 않다 하더라도 형편이 넉넉해서 보상할 만큼 충분히 위자료를 지급하고 그냥 합의 볼 정도의 환경도 못 되었다.

"현재로서는 자신할 수 없습니다. 서로 감정이 안 좋은 것 같습니다."

"아시겠지만, 합의가 안 되면 실형을 면하기 어렵습니다. 합의를 해야만 집행유예가 가능합니다. 변호사님께서 좀 설득을 해주시는 게 어떻겠습니까?"

"……."

"……."

"판사님. 그렇다면 벌금형으로 해주십시오."

"예?"

"피고인은 아직 젊습니다. 이 사건으로 인해 첫 직장도 구하기 전에 전과자가 되는 것만큼은 막아주어야 한다고 생각합니다. 피해자 구제 문제로 피고인이 구속되는 것이 정책적으로 피할 수 없는 것이라면, 적어도 피해자 구제 문제가 해결되는 대신 원칙으로 돌아가 피고인의 죄질이 징역형에 해당하지 않는다는 정도의 판단은 해주어야 한다고 봅니다."

"치사 사건에서 벌금형은 거의 없습니다. 만일 벌금형으로 한다면 금액이 매우 높아질 텐데요. 어떤 피고인들에겐 벌금보다 집행유예가 더 좋을 수도 있어요. 집안 형편도 좋지 않다면서요."

"하지만 아직 가능성이 무한한 젊은 사람인데 앞으로 무
슨 일을 하게 될지 어떻게 알겠습니까. 아시다시피 아무리
집행유예라도 벌금형과 달리 공직에 취임하거나 할 때 제
한을 받고, 또 사건 기록도 평생 가지 않습니까? 단순한 과
실로 인해 치러야 할 대가치고는 너무 큰 것 같습니다."

결국 한동안의 설전 끝에 판사님으로부터 피해자와 합의
가 된다면 벌금형도 한번 고려해보겠다는 답변을 듣고 판
사실을 나왔다.

살아남은 자들의 소송

이번에는 가족들을 설득할 차례였다. 역시 예상대로 가족
들은 반발이 심했다. 이미 피해자 측에 1천 5백만 원을 준 적
이 있었는데, 박기찬의 아버지는 그 돈을 되돌려 보내고 고
소를 하였다는 것이다. 김영수의 누나는 내게 자신들의 심
경을 적은 메일을 보내왔다.

　　변호사님, 수고 많으십니다. 김영수의 누나 김현아
　　입니다. 어제 있었던 일을 일기처럼 써보았습니
　　다. 참고가 될까 해서요.

오전 11시 30분, 박기찬의 아버지 측 변호사님을 만났다. 그 변호사님은 합의를 보지, 왜 일을 이렇게까지 만드냐고 말했다. 기찬이 아버지가 민사소송 서류를 만들어놓고 아직 제출만 하지 않고 있는 상태라면서.

아빠는 친구들끼리 놀러 가서 사고가 났는데 무슨 합의를 볼 게 있냐고, 영수가 아예 벌을 받고 나오는 게 낫다고 했다.

변호사는, 무슨 말이냐 사람이 죽었는데, 그래도 얼마의 보상은 있어야 한다고 했다. 그래서 그럼 보상이 얼마인지 물어보았다. 변호사는 자기가 계산해보니 1억 6천만 원 정도가 나온다고 했다.

부모님은 아무 말도 하지 못했다. 변호사는 최저 금액은 반액인 8천만 원이며……, 장사도 반쯤은 걸어야 흥정이 된다는 식의 말을 했다. 우리는 지금 우리 집 사정을 말했다. 부모님이 직업이 있는 것도 아니고 오빠만 직장에 다니며 당장 그만한 돈은 없다고 말했다.

변호사는 그러면 얼마나 낼 수 있냐고 물었다. 우리는 지금 1천 5백만 원밖에 준비한 것이 없다고 말하며 사정하였다. 돈이 생기면 그때 더 하겠다고.

변호사는 1천 5백만 원이라는 10분의 1도 되지 않

는 금액으로 기찬이 아버지에게 합의를 요청할 수
는 없다고 했다. 그리고 기찬이 아버지는 보상받
은 돈으로 기찬이가 다닌 학교에 장학재단을 세우
려고 한다는 말을 들었다.
　엄마는 아들 친구를 구속시켜서 받은 합의금으로
학생들을 위한 장학재단을 세운다는 말에 더 이상
말을 하지 못했다.

　서로 감정의 골이 깊어가고 있었다. 이대로는 선고기일
까지 합의가 어려울 듯했다. 나는 김영수 가족들을 내 사무
실로 불러 모았다. 선고기일을 일주일 앞둔 어느 날 오후, 김
영수의 부모님과 세 살배기 아이를 안은 누나, 매형이 함께
내 방에 들어와 그동안의 한 맺힌 이야기를 쏟아놓았다.
　가족들은 우선 호주에서 이미 용서한다고 했고, 그래서
잊고 있었는데 갑자기 한국에 돌아오니까 다짜고짜 김영수
를 구속시킨 박기찬의 아버지를 비난하기 시작했다. 왜 이
제 와서 고소하냐고 이유를 묻자 1년 동안 자기를 찾아보지
도 않아 괘씸해서 그랬다는데, 납득이 안 간다고 했다. 나는
가족들이 하는 이야기를 다 들은 뒤 이렇게 말했다.
　"그럼 어떻게 하시겠습니까? 이대로 합의하지 않은 상태
에서 선고를 받으시겠습니까?"
　"변호사님, 어떻게 해서라도 집행유예만 받게 해주세요.

사실 억울하지 않습니까? 친구들끼리 놀러 갔다가 생긴 일인데 1년 6개월이나 감옥에 있어야 한다니. 집행유예만 받을 수 있다면 저희도 괘씸해서 합의 같은 건 안 합니다.”

나는 호주에서 보내온 자료들을 보여주며 이 사건이 사건 자체로는 충분히 집행유예가 가능하기는 하지만 우리나라 법원의 판결 경향은 그렇지 않다는 것을 이야기할 수밖에 없었다.

“만일 집행유예를 받는다 하더라도 아마 박기찬의 아버지는 민사소송을 제기할 것이고, 그때는 법원의 판결에 따라 강제로라도 배상해야 할 입장이 될 것입니다. 그럴 바에야 지금 합의해 형사소송에서도 유리한 판결을 받는 것이 좋지 않겠어요? 만일 지금 합의한다면 벌금형도 가능합니다.”

“그렇지만 박기찬의 아버지가 너무 무리한 금액을 요구하면 어떡하지요?”

“우리 쪽에서 먼저 저쪽을 이해하는 마음으로 접근해야 합니다. 돈 때문에 이 소송을 벌였다는 생각을 지워버리십시오. 입장을 바꾸어 생각해보세요. 만일 우리가 피해자였다면 어땠겠습니까? 그분이라고 특별히 이상한 사람이 아닙니다. 여러 가지 복잡한 심경이겠지요. 갑자기 아들을 잃었으니 제정신이 아닐 것입니다. 어디든지 원망하고 싶은 마음이 드는 것이 인지상정이지요. 누가 몇 천만 원과 아들의 목숨을 바꾸겠습니까? 아무려면 지금 아들이 감옥에 있어도 상대방보다는 나은 입장 아닙니까? 양보해야 한다면 우리가 해야 하지 않을까요?"

상대방보다는 그래도 우리 입장이 낫다는 말 때문이었는지 갑자기 온 가족이 조용해졌다.

"일단, 인간적으로 한번 부딪쳐 보세요. 일부러 저지른 일은 아니었다 하더라도 진심으로 사죄를 표하면서 상대방과 공감해보세요. 그러면 상대방도 무리한 요구는 하지 못할 거예요."

갑자기 어머니가 우시기 시작했다. 어머니 역시 여러 가지 복잡한 심경이었을 것이다. 그동안 박기찬의 아버지에게 당한 수모에 비난하는 마음으로 날을 세운 것이 아마도 버팀목이었을텐데, 아들을 위해서는 오히려 내가 엎드려야 한다는 것을 받아들일 수밖에 없음을 깨닫자 일시에 마음이 무너졌을 것이다. 어머니를 진정시키고 가족들은 다시 한 번 박기찬의 아버지와 합의를 시도해보겠노라고, 최선을 다해보기로 약속하면서 사무실을 떠났다. 나가면서 가족들끼리 하는 이야기가 들려왔다. 어머니가 세 살배기 손자더러 "에구, 우리 손자, 너도 이제 커서 변호사 될래?" 하자, 김영수의 누나가 "뭐 하러 저렇게 골치 아픈 일을 시키려고 그래요?" 한다. 나는 순간 웃음이 나오면서, 한편으로 어머니가 꼭 합의를 하시겠구나 하는 생각이 들었다.

선고기일을 며칠 앞두고, 가족들은 3천만 원에 합의를 하였다면서 합의서와 영수증을 보내왔다. 곧 합의서와 영수증을 재판부에 보냈고, 곧바로 김영수는 보석을 허가받아 석방되었다. 그리고 선고 당일이 왔다. 그날이 나로서는 출산 휴가를 앞둔 마지막 출근일이었다. 직원으로부터 벌금 7백만 원이 선고되었다는 보고를 받았다. 너무나 기쁘고 가슴이 뭉클했다. 누구에게든 감사하고 싶은 마음이 솟구쳤다. 특히 쉽지 않은 결정을 해준 판사님께 꼭 감사의 마음을 표하고 싶었다. 하지만 판사와 변호사는 기본적으로 불가근불가원의 관계다.

아니, 판사 입장에서는 '불가근' 쪽의 비중이 더욱 클 것이다. 한편으로 생각하면 판사는 당연히 자신이 해야 할 일을 했을 뿐이라고 보고 그냥 지나갈 수도 있었다. 하지만 그날은 특별한 날이 아니었던가. 나는 눈 딱 감고 판사님께 전화를 했다.

"판사님, 오늘 선고 듣고 정말 너무 기뻤습니다. 감사드리고 싶어서 전화드렸어요. 바로 내일부터 출산 휴가인데 좋은 소식 듣고 마무리하게 해주셔서 고맙습니다."

판사님의 기분 좋은 대답이 들려왔다.

"아닙니다. 제가 오히려 고맙습니다. 저도 좋은 소리 들으니 기쁩니다."

유 변호사님은 이 사건이 벌금형으로 마무리되었다는 소

식을 듣고 이렇게 말씀하셨다.

　"거참, 거의 있을 수 없는 성과를 거두셨네. 아마 그 배 속의 아기 덕분인가 봅니다. 어떤 강심장이 만삭의 변호사님께 모진 판결을 내릴 수 있겠습니까? 한 한 달 정도만 형사사건을 더 하고 들어가시죠……."

" 주민들의 말은
　일상용어로 되어 있었지만,
　법적으로도 일리가 있었다.
　법은 상식이기 때문이다.
　선례가 없다는 것은
　포기해야 할 이유가 아니었다.
　어떤 선례든 언제나
　처음이 있는 법이니까."

5장

높고 단단한 벽, 그리고 계란들 1

길을 놓을 것인가 말 것인가

몰입의 즐거움

미하이 칙센트미하이라는 시카고대학교 심리학과 교수의 『몰입의 즐거움』이라는 책에 따르면, 사람들은 몰입할 때 행복감 이상의 것을 느낀다고 한다. 또 이러한 몰입은 과제가 자신의 능력보다 너무 쉽거나 어렵거나 하지 않을 때, 즉 과제와 실력이 균형을 이룰 때 이루어진다고 한다. 이 이론은 내가 변호사 일을 재미있게 할 수 있는 좋은 도구가 되어주었다.

사건이 어렵다고 느껴질 때 포기하거나 회피하기보다는 몰입할 수 있도록 한 발 한 발 해답을 찾아 보물섬을 향해 항해하는 느낌으로 접근하는 것이다.

그러면 처음에는 막연하던 것들도 조금씩 길이 보이면서 퍼즐이 맞춰지는 듯한 쾌감을 느낄 수 있게 된다.

이런 즐거움은 기계적이거나 너무 결론이 뻔히 보이는 사건에서는 얻기 힘들다. 그런 쉬운 사건들만 처리한다면 금방 지루해졌을 것이고, 해답이 보이지 않거나 질 것이 뻔해 보이는 사건을 이기기 위해 노력해야 했다면 그 또한 일에 짓눌렸을 것이다.

그런데 선임하기로 결정했던 순간부터 끝날 때까지 한순간도 뻔해 보인 적이 없으면서도 나로 하여금 포기를 허용하지 않았던 사건, 그래서 내가 제대로 몰입하고 노력했던 사건이 있었으니 소위 제2자유로 도로구역결정 취소소송 사건이었다.

그 사건을 진행하는 동안 나는 무엇에 홀렸는지 사건을 위해 필요하다고 생각되는 사람이라면 어디든지 달려가 만났고, 환경 관련 판례라면 일본 것까지 샅샅이 뒤지는 등 말 그대로 열정을 불태우며 사건에 몰입했다.

한 마을에 그어진 직선

경기도는 파주 신도시 건설로 늘어날 서울 진입 교통수요를 감당하기 위해 제2자유로를 건설하기로 하고 도로 노선을 정했는데, 고양시 덕양구의 어느 자연부락 세 개를 통과해서 지나가도록 도로구역결정이 났다. 그로 인해 마을이 두 동강이 나고 소음과 매연을 뒤집어쓰게 된 주민들이 도로구역결정 취소청구소송과 효력정지 신청을 하게 된 사건이다.

처음에는 주민들 대부분이 정부를 상대로 어떻게 이기느냐며 거의 자포자기 상태였다. 그래서 변호사 선임도 하지 않으려고 했지만, 주민들 중 한 분이 대단한 재력가인 데다 이 사건은 '지더라도 한다, 나 혼자라도 한다'는 의지로 밀어붙였다.

"이 도로가 만일 우리 주민들 몇 명한테만 피해가 생기는 문제라면 나도 대의를 위해서라도 참겠소. 하지만 이것은 우리 국토 전체와 관계되는 문제요. 내가 대단한 애국자는 아니지만 당장 길이 급하다고, 눈에 보이는 비용이 적게 든다고 땅도 부족한 나라에서 금싸라기 땅을 쪼가리 낸다는 게 말이 되오?"

최 회장은 사무실에 찾아올 때마다 항공 촬영한 사진을 업데이트해서 가져왔다. 항공사진으로 고양시 덕양구를 내려다보면 계획된 노선이 5천여 가구가 사는 마을을 관통하면서 지나가는 모습이 한눈에 들어왔다.

"이곳은 인천공항에서 서울 사대문 안으로 들어가는 관문이 되는 곳이오. 앞으로 우리나라가 금융 허브가 된다면 인천에서 서울까지 갈 것 없이 이곳이 국제 비즈니스를 위한 상업 도시가 될 수도 있단 말이오. 이런 잠재 가치가 있는 땅을 계획적으로 건설하지 않고 자동차전용도로가 지나가

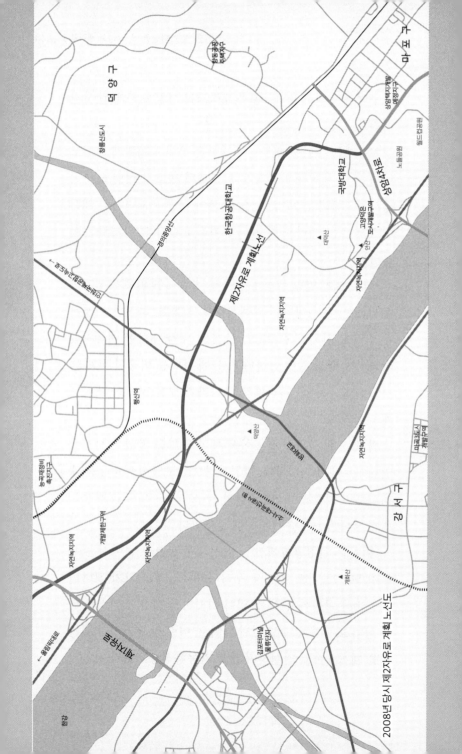

2008년 당시 제2자유로 계획 노선도

게 해서 남북으로 쪼개놓으면, 나중에 어쩌자는 거요."

계획노선은 파주 신도시에서 시작해 제1자유로와 잠깐 병행하다가 서서히 북상하면서 덕양구를 가로지른 뒤에 서울시 마포구 상암동과 맞닿는 곳의 4차로에 잇닿게 되어 있었다.

"게다가 여기는 상습적인 정체가 있는 병목 구간이오. 파주 신도시에서 자동차를 끌고 나와 자동차전용도로를 달려본들 여기 서울 입구에서부터 차가 막히는데, 그러면 도로는 주차장밖에 더 되겠소?"

최 회장은 제2자유로의 계획노선이 얼마나 불합리한지 지도를 짚어가며 조목조목 설명하였다.

최 회장의 말을 들어보면 틀린 데를 찾을 수 없었다. 하지만 그렇다면 경기도는 왜 이런 불합리한 정책 결정을 할 수밖에 없었을까?

"제일 큰 이유는 비용 때문이오. 공사비가 마을을 관통하는 쪽이 제일 저렴하거든. 제1자유로 쪽으로 붙이면 교량을 만들거나 연결 도로를 만들어야 하는데 그게 불가능하다는 거예요. 하지만 그건 핑계에 불과해. 그냥 싸고 쉽게 가려는 것뿐이야. 우리나라 기술이 지금 어떤 수준인데 그걸 못하겠어요?"

만일 정말 오로지 비용 때문에 이런 결정을 한 것이라면 그것은 비례원칙[1] 위반이거나 이익형량[2]에 하자가 있는 것이어서, 아무리 도로건설 계획이 행정재량에 속하는 문제일지라도 재량권일탈[3] 남용으로 취소 사유가 될 수도 있었다.

당장 눈에 보이는 비용, 도로 건설에 드는 비용만 계산하면 마을을 관통하는 쪽이 제일 저렴하겠지만, 대기오염, 소음, 주거 환경에 미치는 악영향 등 계량할 수 없는 것들도 비용으로 포함시킨다면 오히려 그쪽이 더 비용이 클 수도 있었다. 따라서 환경 피해로 인한 주민들의 부담을 사회적 비용에 포함시켜서 제대로 계산한다면, 제2자유로 건설이 이익보다 손해가 더 커서 형량하자[4]가 있는 정책 결정이라고 할 수 있는 것이다.

하지만 사법부는 행정부의 정책 판단에 대해서는 판단하기를 꺼리는 경향이 있다. 그것은 원래 삼권분립의 원칙상 입법과 행정에는 관여하지 않고 법 적용만 하는 사법부의

1 공익을 이유로 사익을 제한하는 입법 또는 행정작용을 할 때 그것으로 얻게 되는 공익이 침해당하게 되는 사익보다 더 우월해야 한다(법익의 균형성). 그 정도의 한계를 정할 때 기준이 되는 원칙이 비례원칙이다.
2 행정계획을 입안, 결정할 때 관련되는 자들의 이익을 공익과 사익은 물론 공익 상호 간, 사익 상호 간에 얻어지거나 침해되는 이익을 정당하게 비교하여 한쪽에 치우치지 않도록 따져 보는 것을 이익형량이라고 한다.
3 법적으로 허용된 권한의 범위를 넘어선 행위를 말한다.
4 형량을 잘못하여 한쪽에 지나치게 이익이 가거나 침해가 쏠리는 결과가 되는 경우 형량에 하자가 있다고 한다.

본질상 당연한 것일 수도 있다. 특히 이런 사건은 환경 피해를 계량하는 문제나 도로를 설계하는 부분 등 기술적이고 전문적인 부분이 많아서 정부의 재량권 범위가 넓고, 법원은 대부분 정부의 판단이 맞을 거라고 보고 거의 원고의 청구를 기각한다.

그리고 나 역시 처음 이 사건 검토를 의뢰받았을 때 그런 전문적이고 기술적인 부분에 대해 어떻게 입증해야 할지 방향이 잘 잡히지 않았고, 판례를 검색해보니 유사한 사례에서 주민들이 이긴 경우가 거의 없어서 선뜻 맡기가 망설여졌다.

그래서 수임을 보류하고, 주변에 도로 건설 분야에 전문가라고 할 수 있는 사람을 소개받아 몇 분 만나보았다.

법은 상식이기 때문입니다

"이런 무식한 일이 어딨어요? 땅 모양을 완전히 무시하고 그냥 이 끝에서 저 끝까지 자를 대고 그어놓았네. 유럽에 가보세요. 공항에서 수도로 들어가기 위한 도로들은 경관도로라고 해서 직선으로 만들지 않아요. 지형의 굴곡을 최대한 살려서 적당히 꾸불꾸불하게 만들죠. 천천히 가는 길을 즐길 수 있게 해서 길 자체가 목가적인 분위기를 연출하고 나라 홍보 역할을 톡톡히 하는 거예요. 이렇게 우리나라 토목 하는 애들은 단순하다니까."

예술적 기질이 다분한 어느 건축가의 일갈이었다. 하지만 그도 자신의 견해는 지나치게 주관적일 수 있고, 자기는 건물이 전공이지 도로는 전공이 아니라면서 어느 건축공학과 교수님을 추천해주었다.

"흠, 가만 보자. 여기는 우리가 자주 학생들한테 도시 설계 해보라고 프로젝트를 주는 데로군."

소개받은 교수님은 경험이 많은 대가답게 계획노선과 그 주변을 이리저리 짚어주며 말씀하셨다.

"이쪽은 터널 공사가 많이 들어가서 안 좋고, 이쪽은 교차로를 못 만들지. 그나마 이 계획노선도 나쁘지 않아. 더 좋은 대안은……, 이것이긴 한데 여긴 국방대학교가 있잖아."

그렇다면 더 이상 계획노선보다 월등히 좋은 대안이 있다는 것을 주장하여 비례원칙 위반을 인정받기는 어려울 것이었다.

"그럼, 교수님. 이건 어때요? 사실 이곳은 도로부지로는 너무 아까운 땅이 아닌가요? 인천에서 서울로 들어가는 관문이고 계획적으로 개발하면 무한한 가치가 있는 곳인데, 이렇게 도로로 쪼개놓으면 나중에 활용성이 떨어지잖아요. 어쩌면 도로를 놓아서 얻는 것보다 도로를 놓지 않음으로써 얻는 것이 더 클 수도 있지 않을까요?"

사실 화석연료 시대인 지금은 도로를 놓는 것이 곧 발전의 방향인 것으로 취급하지만 친환경적인 관점에서 보면 하나라도 덜 놓는 것이 발전의 방향일 수도 있는 것이다. 교통수요 문제는 이런 자동차전용도로가 아니어도 대심도철도(지하급행철도)나 지하철을 더 개통하거나 하고, 지상은 최대한 녹지로 남겨두는 것이 장기적인 관점에서 더 유리할 수 있지 않은가.

나의 말에 교수님은 빙긋이 웃으며 말씀하셨다.

"우리나라 지도 펴놓고 어느 한 점을 찍어봐요. 아까운 땅 아닌 데가 어디 있는가. 게다가 그게 자기 땅이면 그 가치는 확 높아져서 금싸라기 땅이 되지. 물론 주관적으로 말이야. 그리고 이곳은 신도시가 될 가능성은 거의 없어. 왜냐하면 여긴 군사적인 목적도 있고 해서 그린벨트가 풀리기 어려워요."

"그럼 이곳은 외곽 지역의 신도시와 서울을 연결하기 위해 도로만 내어주는 땅이 될 수밖에 없는 건가요?"

"할 수 없지 뭐. 도로 생겨서 도시가 더 발전할 수도 있잖아."

"하지만 그냥 도로가 아니라 자동차전용도로인데요. 그리고 마을을 관통하고 지나가서 마을 중간을 4, 5층짜리 벽이 가로막게 되고 말이에요. 마을을 소통시키는 도로가 아니라 단절시키는 도로잖아요."

"다 맞는 말이긴 해요. 하지만 일단 도로를 건설하기로 했으면 어쩔 수 없잖아. 무엇보다도 이 계획노선보다 더 좋은 노선이 딱 어느 거라고, 법정에서 증인으로 서서 말해줄 만한 사람이 없을걸. 이거 주공[5]에서 하는 거 아냐?"

계획노선보다 더 나은 대안에 대해, 전문가들이 이렇게 나온다면 비례원칙 위반이나 형량하자에 대해 주장할 만한 무기가 마땅치 않았으므로, 소송이 어려워질 것 같았다.

나는 최 회장에게 교수님을 만난 결과를 이야기해주면서 승소 가능성이 없으니 소송을 하지 말 것을 조심스럽게 권했다. 그러자 최 회장은 이렇게 말했다.

"변호사님, 무슨 말씀이세요. 어떻게 그 사람 말만 듣고 포기를 해요. 이 도로결정은 명백히 잘못된 거야. 공무원들이 사명감 없이 국토 전체를 생각하지 않고 쉬운 대로 처리해서 이 모양이 되었어요. 게다가 주민들을 한번 생각해보세요. 주민들이 무슨 죄가 있어요. 고양시 덕양구에 일꾼이 없어서 그래. 힘 있는 사람 한 사람만 있었어봐요. 절대로 그렇게 맥없이 도로계획결정 나도록 가만두지는 않았을 거야. 나도 진작 알았더라면……. 그리고 주민들만 피해를 보고 말 문제라면 나도 이렇게 나서지 않았을 거예요. 이건 국가 백년지대계에 속하는 문제라고도 할 수 있어요. 길 하나 잘못 놓아서 계획도시가 될 수도 있는 땅 전체가 죽으면 아깝잖아요. 변호사님도 한번 가서 눈으로 직접 보시면 아실 거예요."

　겨울치고는 다소 포근한 어느 날, 나는 최 회장의 안내로 계획노선이 지나간다는 마을을 찾아가 보았다.

　강변도로를 따라가다가 강 건너편에 여의도 마천루가 시원하게 보이는 한강변 둔치 어딘가에 도착하니, 미리 연락을 받은 마을 주민 대여섯 명이 우리를 기다리고 있었다.

　나는 자신을 대책위원장이라고 소개하는 조현철 씨와 함께 마을 동장님이 운전하는 지프차로 옮겨 탔다.

　"저기 저 빨간 깃발들 보이시죠. 얼마 전에 주공 사람들이 나와서 박아놓고 간 거예요. 파주 쪽에서는 이미 공사가 시작된 지 오래고요."

　공사를 시작하기 위해 이미 계획노선대로 깃발이 꽂혀 있었고, 그 깃발을 표지 삼아 우리는 계획노선 일대를 천천히 드라이브했다.

　서울 근교에 이런 곳이 있었다니. 상암 월드컵 경기장이 있는 마포구 상암동에서 바로 길 하나 건넌 곳, 그리고 목동과 한강을 바로 사이에 두고 마주 보고 있는 위치에 농촌도 아니고 도시도 아닌 이런 미개발 지역이 있다니 놀라웠다.

　대부분의 계획노선은 넓게 펼쳐져 있는 밭이나 야산을 지나가다 마을에 이르자 빨간 깃발이 주택가에서 집과 집 사이를 지나 언덕 너머로 무심히 뻗어가고 있었다.

　마을은 거의 단층집들로 이루어져 있었고 간간이 분식점

규모의 식당들만 보일 뿐 변변한 상업지구도 형성되어 있지 않은 것 같았다.

"여기 사시는 분들은 주로 어떤 일을 하시는가요? 농사를 짓나요?"

"지금은 농사짓는 사람은 드물고요. 그보다는 주로 서울 쪽으로 나가서 일을 하지요. 아직까지 여기 사시는 분들은 대부분 원주민들이에요. 조상 대대로 여기서 원래 농사짓고 사시던 분들이죠. 요즘은 여기서 영세하게 농사짓는 것을 업으로 하기는 좀 그렇지만, 천 년 이상 대대로 살던 땅이라 쉽게 못 떠나고 계속 사시는 거예요. 점점 더 살기가 좋아지길 바라면서……."

불과 십 년 전까지만 해도, 이곳이 도시와 이렇게까지 가까운 곳은 아니었다. 하지만 서울이 야금야금 커지면서 도시 바람이 이곳 코앞까지 불어오자 일부 젊은 사람들은 더러 물려받은 땅을 팔고 서울로 떠나기도 했다.

마을 안으로 들어서자 곳곳에 시뻘건 글씨로 쓴 저항의 의미가 담긴 현수막들이 눈에 들어왔다.

"지금 분위기가 뒤숭숭하죠. 어떤 사람들은 우리가 보상금 더 받으려고 이런다고 매도하는데 보상금이 문제가 아니에요. 어떻게 사람 사는 데를 자동차전용도로가 깔고 지나가게 합니까? 우리 보고 그 소음과 매연을 어떻게 견디라는 거예요? 환경영향평가? 여기 도로구역 근방에 노루 몇 마리, 새 몇 마리 관찰된다 그러는데 우리는 안 보이나요? 우리가 그 노루나 새만도 못합니까?"

주민들은 무엇보다도 이런 도로구역결정이 자신들의 의견은 고사하고 주민들 존재 자체를 무시하고 났다는 데 대해 분개하고 있었다.

"방음벽을 친다는데 방음벽 치면요, 눈앞에 아파트 7, 8층짜리 옹벽이 생기는 거예요. 또 매연은 어떻고요. 여기서 떠나라는 거나 마찬가지예요. 도로부지로 땅이 수용되는 사람만 그런 게 아니고요. 이 동네 사람들 다 떠나라는 거예요. 그리고 저희가 공항철도 소송을 한 번 해봐서 아는데요. 재판이 너무 싱겁게 끝났어요. 정부나 재판부나, 기본적으로 공항철도 그거는 꼭 여기 놓아야 하는 거 아니냐 하는 생각을 바꾸지를 못하더라고요."

이 제2자유로 사건은 단순히 길을 어디로 놓을 것인가 하는 문제에 그치지 않고, 길을 놓을 것인가 말 것인가의 문제도 포함하고 있었다.

언제부턴가 우리는 자동차 없이는 불편한 생활 방식에 길들여져 있다.

그리고 사람들은 자꾸만 서울로, 중앙으로 모여드는데 땅은 모자라고 점점 수도권이 팽창하면서 신도시를 하나둘 만들어 거주 인구를 분산시키려고 한다. 그러니 신도시에 거주하더라도 직장이 서울에 있는 사람들은 수십 킬로미터를 출퇴근할 수밖에 없다. 제1자유로가 일산 신도시 건설과 함께 개통되면서 일산 신도시 거주민들이 서울과 소통하는 기능을 담당해왔지만, 지금도 출퇴근길은 막힌다고 한다. 이제 파주 신도시를 건설하면서 그 수요가 팽창할 것을 예상하면 파주 신도시 입주자들 입장에서는 제2자유로가 절박할 수밖에 없을 것이다.

실제로 제2자유로는 파주 신도시 건설에 소요되는 투자금 중 일부로 건설된다고 한다. 그런데 문제는 정작 파주 신도시보다 서울에 더 가까운 고양시 덕양구는 그린벨트여서 개발이 금지되면서, 파주 신도시 주민들이 서울로 출퇴근하기 위한 자동차전용도로만 내주고, 마을은 소음과 매연으로 덮이게 된다니 원주민들 입장에서는 이곳에 대한 배려가 전혀 없는 처리에 한이 맺힌 것이다.

"변호사님, 주공 사람들은 자기들이 하는 행위가 정당하다고 하는데, 저희가 법은 잘 모르지만 상식적으로 이럴 수는 없는 거 아닙니까? 우리 마을을 두 동강이 내놓고 지나가면서 우리 의견을 하나도 반영하지 않는다니 말이 되냐고요. 제1자유로에 붙여서 내면 될 것을 왜 꼭 여길 지나가야 되냐고요."

주민들의 말은 일상용어로 되어 있었지만, 법적으로도 일리가 있었다. 법은 상식이기 때문이다. 당연히 이런 침익적侵益的 행정행위를 할 때는 주민 설명회나 공청회를 거치는 등 주민의견 수렴절차가 법적으로 보장되어 있다. 그리고 제1자유로에 붙여서 하면 될 것을 이렇게 마을을 두 동강이 내고 가는 것이 정당화되려면, 이익형량을 제대로 하여야 하고, 그 결과 재량권이 0으로 수축하는 정도로 대안에 비해 이익이 현저히 커야 한다.[6]

그런데 이미 주민 설명회도 거쳤고, 공청회는 요건을 충족하지 못해서 열지 못했다. 그런데 이것만으로 적법한 행정절차를 거친 것이 되었을까?

이런 사건의 경우 국내에서는 주민들이 정부를 상대로 이긴 사례는 거의 없었다. 최근에 새만금 간척지 사건도, 우여곡절이 있었지만 결국은 개발론자들의 승리로 끝났다.

하지만 나의 육감은 이 사건이 당연히 질 사건은 아니라는 쪽으로 자꾸만 기울고 있었다. 선례가 없다는 것은 포기해야 할 이유가 아니었다. 어떤 선례든 언제나 처음이 있는 법이니까.

무엇이 위법인가?: 행정계획 vs 환경권

그날 이후, 나는 도로 건설과 관련된 근거 법규를 샅샅이 뒤

6　이렇게 주민의견 수렴절차를 위반했는지 여부는 행정절차의 위법 사유이고, 처분 자체가 정당한 이익형량을 그르쳐 재량권의 남용으로 평가되는 경우는 실체적 위법 사유가 된다.

지는 한편, 환경 관련 규제 법규, 환경영향평가서, 판례 등을 열심히 뒤졌다. 도로 건설의 근거법과 환경 관련 규제 법규가 양립하는 것 자체가 개발론자와 환경론자의 타협의 결과물이라고 할 수 있었다.

점점 도로 건설에 대한 지식이 쌓이면서, 내 주변에서 생활의 편의성을 위해 희생되는 것들이 눈에 띄기 시작했고 평소에는 잘 보이지 않던 도시 구조에 대해 고민하는 시간이 늘어났다.

같은 나무라도 숲에서 사는 나무와 가로수는 얼마나 다른가. 요즘 새로 짓는 아파트들은 주차장을 모두 지하로 만들고 지상은 놀이터나 공원 등의 녹지로 조성해서 인기를 끌고 있다. 도시를 건설할 때에도 애초에 녹지 비율을 높이거나 교차로는 모두 지하화한다거나, 아예 도심에서는 차 없는 거리로 만들어 도로 대신 수로를 놓는다거나 해서 도로를 최소화했다면 어땠을까. 그랬더라면, 여름에는 더 덥고 겨울에는 더 추운 도시의 기온도 지금과는 다르지 않았을까.

이런 생각들은 이 사건과 직접 관련은 없었지만, 나에게 어떤 사명감을 불어넣었던 것 같다. 나는 한강을 따라 야트막한 언덕과 논밭이 있는 그 마을이 자동차전용도로로 두 동강 나고, 그 주변이 자동차 소리와 그 자동차들의 매연에 뒤덮여서 맥없이 황폐해지는 꼴이 보고 싶지 않아졌다. 아직은 개발의 손이 닿지 않은 그곳이 언젠가 비전을 가진 어

느 도시 설계자의 멋진 계획에 따라 친환경적이고 아름다
운 전원도시로 재탄생하기를 바라게 되었다.

하지만 법정에서 승소하기 위해서는 그런 낭만적인 이유
는 무기가 될 수 없다. 사법부는 정부의 행정처분에 대해서
는 위법하다고 판단해서 취소할 수 있을 뿐, 비전이나 철학
적인 이유로 정부의 결정을 뒤집을 수는 없는 것이다. 재판
에서 우리가 원하는 결과를 얻기 위해서는 무엇보다도 이
사건, 도로구역결정 처분의 위법성을 찾아내야만 하는 것
이다.

그런데 도로건설 계획과 같은 소위 행정계획은 특히나
더 행정부에 재량의 범위가 넓게 인정되고 있었기 때문에
법원이 쉽게 재량권일탈 남용으로 위법하다는 판단을 해주
지 않는다.

하지만 아무리 주민 설명회를 거쳤다고 해도 이와 같이
침해가 현저한 처분을 하면서 이 정도에서만 적법절차[7]를
거쳤다고 한다면, 뭔가 미심쩍은 점이 반드시 있을 것이라
는 생각이 들었다. 과연 도로계획결정 시점부터 도로구역
결정 시점까지 주민들의 민원서류와 경기도와의 처리 서면
등을 시간 순서대로 정리하고, 환경정책기본법상의 환경영
향평가 시점 등을 대조해나가다 보니, 절차상의 위법 사유
를 발견할 수 있었다.

7   적정한 법에 따른 절차. 국민의 권리를 제한할 때에는 정당
한 법적 근거가 있어야 한다.

즉, 도로 건설공사는 환경영향평가 대상이었으며, 사전환경성 검토[8] 대상이기도 하였다. 관련 법 규정에 따르면 환경영향평가는 도로구역결정 이전에만 하면 되지만, 사전환경성 검토 협의는 기본설계[9] 또는 실시설계[10]의 도로 노선을 선정하는 때에 했어야 했다.

그런데 처분청은 법규 해석을 잘못했는지 실시설계의 도로 노선을 선정하고 한참 뒤에야 사전환경성 검토를 하고는 환경영향평가서에 도로구역결정 전에만 하면 되는 것으로 기록했고, 실제로도 그렇게 한 것이다.

사실 관련 법 규정이 복잡하게 여기저기 흩어져 있어 나도 처음엔 그냥 지나쳤지만, 기본설계의 도로 노선을 정한 뒤에야 검토하는 것을 '사전'에 한다고 할 수 있을지 의문이 생겨 법 규정을 다 따져보았더니 역시 아니었다. 또한 이러한 시기상의 위반은 '사전' 환경성검토제도 자체의 입법 취지를 몰각하는 정도여서 그 정도면 위반의 정도도 중대하다고

8　행정계획이나 개발 사업 등 환경에 미치는 영향이 큰 사업의 초기 단계에 입지의 타당성이나 주변 환경과의 조화 등을 고려하는 환경친화적 개발을 위해 환경정책기본법에 의거해 시행된 것이 사전환경성검토제도이다. 기존 환경영향평가제도를 보완하기 위해 도입되었다.

9　설계자의 구상을 평면도, 입면도, 단면도, 배치도 등 정확한 치수를 써서 도면으로 표현한 것이다.

10　기본설계를 바탕으로 시공에 필요한 전기, 통신, 설비까지 모두 표시해서 세부적으로 표현한 것이다.

할 수 있었다.[11]

지금도 그 행정절차 위반 사유를 찾아낸 순간을 생각하면 당시의 쾌감이 되살아난다. 패소하더라도 이미 승소한 것이나 다름없는 기분이었다. 그래서 몰입의 즐거움이 좋은 것이다. 따로 보상이 없어도, 그 자체가 보상을 포함하고 있다.

그리고 그즈음 해외 사례를 뒤지다가, 이 사건과 유사한 사례로서 아주 고무적인 판결을 발견하였다. 바로 이웃 일본에서 동경을 중심으로 광역 도로망을 확충한다고 환상형環狀形으로 도로를 건설하는 행정계획에 따라 토지수용[12] 결정이 있었는데, 환경권 침해를 이유로 주민들이 소송을 한 것이다.

이에 대해 동경지방법원은 환경권 침해는 명백한 반면, 도로 건설로 인한 이익은 그 손실과 이익이 명백하지 않다

11 환경영향평가제도가 우리나라에 도입된 것은 무계획적인 개발로 환경문제가 심화되면서, 환경 보전에 대한 중요성이 강조되고 시민들의 환경 의식이 고조된 것의 반영이었다. 그러나 환경영향평가가 원래는 개발 단계에서 의사 결정 과정에 영향을 미치도록 고안된 것이었음에도 불구하고, 운영상 사후 규제적 성격으로 변질되자, 이에 대한 문제점을 보완하기 위해 2000년에 사전 예방적으로 의사 결정 단계에서 환경성을 검토할 수 있도록 사전환경성검토제도가 도입되었고, 이것이 환경정책기본법에 추가로 규정되었던 것이다.

12 공공 이익이 되는 일에 필요한 땅의 권리를 소유자에게서 강제로 징수하는 국가의 행정처분을 말한다. 피수용자에게 상당한 보상을 지급하거나 보상금 액수에 불복할 수 있는 절차 등을 마련해두고 있다.

면서 토지수용 결정을 취소하는 판결을 하였다. 이제 우리나라도 어쩌면 때가 되지 않았을까 하는 희망이 보였다.

첫 재판기일, 준비절차기일이라고 해서 법정이 아닌, 조정실에서 재판이 열렸다.[13] 원고인 주민들 대표 네 명도 함께 참석하고, 상대방도 피고 경기도지사와 보조참가인 주택공사의 소송대리인 변호사와 주택공사의 담당 직원 몇 명이 함께 참석했다.

조정실에 들어서니, 넓은 테이블 안쪽에 재판장이신 판사님이 먼저 앉아 계셨는데, 양쪽에 원고와 피고가 제출한 수천 페이지에 달하는 기록을 쌓아놓고 있었다.

"원고대리인, 일단 청구의 개요를 한번 요약해서 설명해주시겠습니까? 이거 뭐 자료가 너무 많아서……."

판사님은 마음씨 좋은 아저씨 같은 편한 인상에 스스럼없는 말투로 분위기를 풀어주었다.

"네, 이 사건은 주민들이 환경권 및 재산권 침해를 이유로 침익적 행정행위인 도로구역결정 처분에 대해 취소를 구하는 것입니다."

"위법 사유가 있어요?"

---

13 준비절차기일은 변론이 본격적으로 개시되지는 않고, 앞으로 변론에서 주장할 내용과 입증 방법 등에 대해 양쪽이 미리 자유롭게 제출하고, 재판장은 이를 토대로 재판 진행의 방향을 잡고 주장 내용을 정리하고 구체적인 입증 활동을 촉구한다.

재판장은 나의 개요 설명이 채 끝나기도 전에 역시 위법 사유를 짚었다.

"네, 우선 중대한 행정절차 위법 사유가 있습니다. 사전환경성 검토 절차를 위반하였습니다. 이 사건 도로구역결정 처분은 환경영향평가 절차를 거쳐야 하는 것임과 동시에 사전환경성 검토도 거쳤어야 하고, 그 사전환경성 검토는 이 사건 도로의 기본설계 및 실시설계의 도로 노선을 정하는 때에 했어야 하는 것입니다. 그러나 이 사건의 경우, 기본설계 및 실시설계는 2003년에 이루어졌음에도 사전환경성 검토는 2005년에 이루어졌으므로, 시기상 절차의 하자가 있어 적법한 행정절차를 위반한 것입니다."

"피고대리인, 답변해보세요."

피고 측 변호사님은 우리 측보다 더 많은 자료들을 제출했는지, 테이블에 놓인 자료들 때문에 목 위로 얼굴만 보일 정도였다.

"전혀 그렇지 않습니다. 원고의 주장은 실시설계와 기본설계에 대해 잘 모르고 하는 것입니다."

피고 측 변호사님은 갑자기 자료를 읽기 시작했다. 상대방이 제출한 자료는 대부분 주택공사 직원들이 만든 자료인 듯, 가끔 직원들이 나서서 부연설명을 해야 했다. 하지만 건설공사와 관련해서는 아무도 전문가가 아닌지라, 긴 설명이 끝났어도 무엇 하나 명확해지는 것이 없었다.

"뭐, 그렇다면 앞으로 심리하면서 더 상세히 살펴보기로 하겠지만, 절차 위반을 이유로 도로 건설을 취소하기는 좀 그렇지 않아요? 다른 사유는 없나요?"

"있습니다. 우선 환경권 침해는 명백하다고 볼 수 있습니다. 바로 원고들이 살고 있는 마을을 두 동강 내고 지나가니까요. 그리고 얼마든지 다른 대안이 있음에도 불구하고, 원고들의 권리를 지나치게 과소평가하고, 도로 건설로 인한 이익을 과대평가하여 이익형량을 그르쳐 이런 결정을 하였다면, 재량권일탈 남용으로 위법하다고 볼 여지가 있는 것입니다. 여기 이 지도를 보시면 쉽게 알 수 있습니다."

나는 증거로 제출한 항공사진 지도를 원고들의 도움을 받아 테이블 위에 넓게 펼쳐서 재판장과 피고대리인이 잘 볼 수 있도록 한 뒤, 계획노선과 마을을 짚어가며 설명했다.

눈앞에 항공사진 지도가 펼쳐지니 그곳에 가보진 않았어도 계획노선이 마을을 지나가는 것, 그리고 그 계획노선이 대책 없이 서울시 마포구 어느 지점에 꽂히는 모습은 한눈에 알 수 있을 터였다.

재판장님은 피고대리인과 주택공사 직원들에게 왜 도로를 이렇게밖에 낼 수 없었는지 캐묻기 시작했다.

그러나 이 부분이야말로 그 자리에 있는 어느 누구도 계획노선보다 대안이 더 유리하다거나 불리하다고 딱 부러지게 판단할 만한 전문가도 아니었고, 자료도 방대하였으므로 그 자리에서 결론이 날 수 있는 문제가 아니었다.

"쉽지 않은 사건이군요. 그건 그렇고 지금 공사는 어느 정도 진행되어 있나요?"

재판장의 질문에 주택공사에서 나온 대표쯤 되어 보이는 사람이 말했다.

"이미 토지수용 보상도 반 정도 끝났고, 공사도 어느 정도 진행되었습니다. 지금 와서 이 결정을 취소하게 되면, 수백 억 원의 손해가 납니다."

"아닙니다. 거짓말입니다. 아직 저희 동네 사람들은 아무도 토지수용 보상을 받지 못했습니다. 그리고 지금이라도 취소를 해야 더 큰 손해를 막을 수 있는 거지요."

주민 중 한 명이 소리쳤다.

"재판장님, 지금 공사가 어느 정도 진척되었든 아니든, 앞으로 재판이 끝날 때까지 공사가 계속 진행된다면 나중에 위법하다는 판단을 받더라도 사정판결[14]로 도로결정을 취소할 수 없게 되니, 우선 도로구역결정의 효력을 정지시켜 주십시오."

주민이 말한 틈을 타 나도 이렇게 덧붙였다.

그러자 주택공사 직원들이 다음과 같이 맞섰다.

"안 됩니다. 이 도로는 올해 말까지 공사가 끝나게 되어

14   행정소송에서는 소송 결과 처분이 위법하다는 판단을 받더라도 이미 처분 결과를 취소하기에는 손해가 현저히 큰 사정이 발생했다면 결정을 취소하지 않는데, 이를 사정판결이라 한다.

있습니다. 안 그래도 지금 파주시 쪽 주민들이 노선을 가지고 싸우는 바람에 이미 많이 늦어졌습니다. 더 이상은 안 됩니다."

주민들도 "잘못된 결정이라면 지금이라도 바로잡아야지요" 하며 공사 측과 서로 맞서서 말싸움이 시작되었다.

"조용, 조용들 하세요. 다들 목소리 낮추시고요. 쉽지 않은 사건인 줄 알겠는데 어쨌든 심리를 해야 하니 자료들을 일단 내주시고, 다음 기일은……."

원래 행정소송을 시작할 때, 판결까지 걸리는 시일이 짧게는 3개월, 길게는 1년 반이 넘기도 하기 때문에 그사이에 행정처분의 효력으로 공사가 계속 진행된다면, 취소판결이 날 때쯤에는 이미 취소해서 원상 복구하는 데 드는 비용이 더 들게 마련이다.

따라서 이를 방지하기 위해 소장을 낼 때 효력정지 신청도 같이 하는데, 보통의 경우 급박한 사정이 되기 때문에 신청한 지 2주 정도면 효력정지 결정이 난다.

이 사건도 효력정지 신청을 같이 했지만, 준비절차기일이 끝난 지 한참이 지난 뒤에도 효력정지 결정이 나지 않고 있었다.

"내가 행정법원 판사 시절에도 인용될 가능성이 거의 없는 사건은 효력정지 신청이 들어와도, 효력정지 결정을 안

해주고 놔뒀다가, 나중에 본안 기각할 때 같이 기각했지."

우리 사무실의 법원 출신 정 변호사님께 여쭤보니 이 사건 자체가 현재까지는 법원에서는 인용해줄 가능성이 거의 없다면서 이렇게 말씀하셨다.

"일단 도로를 건설하는 문제라면, 그 도로가 있느냐 없느냐에 따라 신도시 땅값이 얼마나 많이 차이가 나겠어요. 법원으로서는 매우 부담스러운 일이죠. 함부로 법원에서 이거 취소했다가는 공공의 적이 될 수도 있어요. 변호사님도 마찬가지고요. 노선을 바꾸는 거라면 모르겠지만, 아시다시피 법원이 노선을 변경할 권한은 없잖아요?"

삼권분립의 원칙상 법의 집행은 행정부의 권한이고, 사법부의 권한은 법의 해석과 적용에만 미치므로 법원은 그야말로 '예, 아니요'만 할 수 있을 뿐이다.

그러니까 원고들이 법원에 바랄 수 있는 최선의 결과는 법원이 이 도로구역결정에 대해 '아니요'라고 판단해줌으로써 결정을 되돌리는 것까지만이다.

그다음, 적법한 주민의견 수렴절차를 거치고 법원이 결정을 취소한 취지에 따라 제대로 이익형량을 해서 보다 장기적인 관점에서 주민들이 수긍할 수 있는 바람직한 결정을 내리느냐 마느냐는 또다시 경기도의 몫으로 넘어가는 것이다.

그래서 이렇게 어느 집단에는 수익受益적이고, 또 어느 집단에는 침익적인 행정처분을 취소하려 할 때는 법원은 명백한 위법 사유에 매달릴 수밖에 없다. 누가 봐도 위법하기 때문에 취소했다면, 그 판결은 누가 뭐라 하든 명명백백 정정당당할 것이므로, 법원은 큰 부담 없이 처분을 취소할 수도 있는 것이다.

공사가 조금씩 진척되어 가고 있는 가운데 어느덧 소송이 시작된 지 두 달이 훌쩍 넘어가고 있었다.

이대로 가다가는 설령 나중에 위법하다고 판단을 받더라도 돌이키는 손해가 더 크다고 보아 사정판결을 받을 수도 있을 것 같아 마음이 조급해졌다.

어떻게 해야 재판부에서도 이 사건 처분의 심각성에 공감하게 될 수 있을까를 고민하다가, 현장검증[15]을 신청하기로 했다.

잠자는 사자를 깨우려면

드디어 법정에서 변론이 본격적으로 시작되었다.

우선, 행정절차의 위법성 문제에 대해 치열한 공방전이

---

15   재판부가 주장 사실에 대한 증거가 있는 현장으로 직접 가서 오감으로 인식하여 증거를 취득하는 것. 이 사건에서는 도로구역결정이 난 고양시 덕양구로 직접 재판부가 가서 노선 선정의 적법성에 관한 판단 자료를 얻는 것이라고 할 수 있다.

있었다. 기본설계와 실시설계의 도로 노선을 정하는 때에, 사전환경성 검토를 했어야 한다는 점에 대해서는 법 규정상 명백하므로 상대방도 인정했다.

문제는 '기본설계와 실시설계의 도로 노선을 정하는 때'를 구체적으로 언제로 보아야 할 것인가인데, 상대방은 기본설계와 실시설계가 도로구역결정이 난 시점까지 계속되고 있었던 것처럼 주장했다.

"만약 피고 측 주장이 맞다면 2006년 7월경 원고 주민들이 민원을 제기했을 때는 얼마든지 설계를 변경할 수 있어야 했다는 것인데, 그 당시 경기도 측의 회신을 보면 "이미 기본설계 및 실시설계가 완료되어……"라고 되어 있습니다. 갑제4호증 경기도지사 명의로 발송된 회신을 보아주십시오."

나는 그동안, 주민들이 소송을 시작하기 전부터 대책위원회를 만들어 경기도와 주택공사 측에 무수히 많은 진정서와 질의서를 보냈다가 그때마다 받은 '이미 확정되었으니 변경은 불가'라는 취지의 한두 장짜리 무성의한 회신들을 증거자료로 확보할 수 있었고, 그 회신들 속에서 한 줄짜리 금쪽같은 단서들을 찾아낼 수 있었다.

상대방도 관련 조문들의 의미를 꼬치꼬치 따져가면서 치밀한 변론을 펼쳤지만 그때마다 우리 쪽은 유리한 방향으로 해석될 자료들을 제시할 수 있었고, 재판이 진행될수록 행정절차의 위법성을 인정받을 수 있는 가능성이 높아지고 있었다. 드디어 어느 순간 재판장님은 재판에 너무 집중했던 탓인지 자기도 모르게 불쑥 이렇게 내뱉고 말았다.

"그래요. 솔직히 이 부분에 관해서는 원고대리인 말씀이 맞는 것 같아요."

그 순간, 나는 깜짝 놀라 재판장님 얼굴을 쳐다보았다. 재판 진행 중에 이렇게 판결에 관한 심중을 내비치다니, 우리로서는 순간 속으로 쾌재를 부를 만한 일이었는데, 법정에서 재판장의 이런 언급은 돌발적인 것이었다.

재판장님도 나와 눈이 마주치자 놀란 얼굴로 잠시 멈칫하더니 이렇게 말했다.

"아, 내 말은 그러니까, 물론, 판결 전에 이렇게 어느 당사자 주장이 맞다고 미리 말하는 것이 적절하지 않은 것은 잘 알지만, 이 말을 하는 이유는 사실 이 사건, 쉬운 사건은 아니잖아요. 그러니까 아……. 원고대리인 주장대로 절차상 위법성이 인정된다고 칩시다. 그렇다 하더라도 그것이 도로 건설을 취소해야 할 정도로 중대한 사유냐, 하는 문제는 또 남는다는 것이죠. 그러니 좀 더 중대한 위법 사유에 대한 주장과 입증이 더 필요할 것이다, 이런 뜻이지……. 그리고 피고 측에서도 절차 부분의 위법에 대해서는 너무 다툴 것 없이 인정하고 다른 공격방어방법에 집중하는 것이 좋을 것이다, 뭐 그런 취지를 알려주고 싶어서예요. 흠…… 흠."

"네, 동의합니다. 재판장님. 저희가 주장하는 것은 두 가지입니다. 하나는 지금 인정된 절차상 위법 사유이고 나머지 하나는 다른 대안이 있음에도 불구하고 주민들의 피해를 지나치게 과소평가한 나머지 저비용만을 이유로 마을을 가로지르는 도로 노선을 막연히 선택하였다는 것입니다. 이 부분에 대해서는 직접 현장을 보시는 것이 이해와 판단에 도움이 될 것이므로, 현장검증을 신청합니다."

내 경우를 돌이켜 보더라도, 내가 그곳을 직접 눈으로 보기 전에는 이 문제에 대한 전문가 의견을 듣다가 승소 가능성이 없는 쪽으로 기울어 수임을 거절하려고 하지 않았던가. 하지만 백문이 불여일견이라고, 그곳을 직접 보자 나도 모르게 마음이 달라지지 않았던가.

"아니 뭐, 가서 볼 게 뭐 있어요? 어휴, 이 제출된 자료만 해도 볼 것이 너무 많은데 직접 본다고 다를 게 있을까요? 게다가 거긴 너무 멀잖아요?"

법정은 수원이었다.

"그리 멀지 않습니다. 여기서 한 시간 반이면 충분한데요."

나는 무표정한 얼굴로 무심히 대꾸했다. 그런 이유로 현장검증을 받아주지 않는다면 수용할 수 없었다.

"그럼 사진을 내세요, 사진. 열 장이고 스무 장이고 얼마든지 내시죠. 사진으로만 봐도 충분하잖아요."

"재판장님. '이 노선이 아니다'라는 판단만 있어도 된다

면 모르겠지만, '다른 대안들이 있다'라는 판단도 필요한
데 그걸 위해서라면, 몇 장의 사진으로 어떻게 알 수 있겠습
니까?"

나도 모르게 목소리가 좀 높아졌다.

"일단 사진을 내시고요. 사진으로 부족하다고 판단되면
그때 봅시다. 흠, 그럼 다음 기일은……."

재판이 끝나자, 법정을 지켜보고 있던 주민들이 우르르 몰
려들었다.

"변호사님. 수고하셨습니다. 가능성이 0퍼센트였는데, 한
20퍼센트는 높아진 것 같아 보입니다. 아닌가요?"

"상대방이 말도 안 되는 주장을 한 것이 이번 재판에선 밝
혀진 것 아니에요?"

"아까 판사님이 우리 말이 맞다고 해주실 때, 정말 10년 묵
은 체증이 내려가는 것 같았어요."

"사진 내라 그러셨죠. 제가 얼마든지 찍어드릴게요."

승소 가능성 0에서 출발했다면 이번 재판으로 20퍼센트
정도 높아졌다고 볼 수도 있을 것 같았다. 하지만 재판장님
도 말씀하셨듯이, 이 사건은 행정절차 위법이 인정된다 하
더라도 그것이 바로 처분의 취소까지 갈 수 있는가는 또 산
넘어 산이었다.

재판부의 공감을 이끌어내려면 아무래도 현장검증이 꼭
필요할 것 같았다.

"그런데 변호사님. 그건 그렇고, 지금 일부 주민들 중에서 는 재판에서 질 것이 뻔하다고 생각해선지 그냥 보상금을 타버린 사람들이 있어요. 얼마 전부터 주공 사람들이 갑자 기 보상금 지급 절차를 예정보다 앞당겨서 시행하고 있거 든요."

"네?"

그러고 보니 아직도 효력정지 결정이 나오지 않고 있었다.

시일이 지날수록 토지 보상금이 풀리는 속도도 점점 빨라 질 것이다. 그것은 곧 법원으로서는 취소판결을 하기에 부 담이 늘어나는 방향인 것이다.

'이번 기일에 그 사실을 강력히 어필했어야 했는데, 어떻 게 하지? 지금 다시 들어가서 변론할 수도 없고……..'

나는 법원을 빠져나오면서 재판부가 한 시간 반 걸리는 거 리를 멀다고 하며 현장검증을 받아주지 않던 장면을 떠올렸 다. 내 입장에서만 본다면 재판부는 마치 졸고 있는 사자처 럼 느껴졌다. 어떻게 잠자는 사자를 깨워야 할까. 무슨 용기 였는지, 나는 서울로 가던 차를 갑자기 멈춰 세웠다.

"다시 법원으로 가주세요."

나는 조금 전에 나왔던 길을 되짚어 법정 쪽으로 달려갔 다. 우리 사건은 10시에 시작했다가 11시쯤 끝났지만, 지금 쯤 재판부는 다른 사건을 심리하고 있을 터였다. 법정 문을 살짝 열고 들여다보니 역시 다른 사건들이 한창 진행 중이었고, 피고 측 직원들과 대리인도 이미 다른 차로 서울로 떠났는지 아무도 남아 있지 않았다. 어떻게 하지? 나는 법정 바깥쪽 복도를 따라 천천히 들어가 보았다.

지금이 아니면 안 돼.

나는 한참 복도를 돌아 들어가다가 다른 문과 연결된 복도 끝에서 법관 출입문을 찾을 수 있었다. 12시 점심시간까지는 40분가량이 남아 있었다. 나는 법관 출입문과 바로 3, 4미터쯤 떨어진 복도의 창가 쪽에 가방을 내려놓고 잠시 머리를 비우기 위해 이런 시간에 대비해 들고 다니는 책을 꺼내 들고 읽기 시작했다. 마침 흥미롭게 읽던 책이어서 얼마든지 기다릴 수 있겠다 싶었다.

얼마나 지났을까.

쿵 소리에 고개를 들어보니, 눈앞에 까만 법복을 입은 세 사람이 바로 내 앞으로 걸어오고 있었다.

가운데 재판장님이 나를 발견하고 눈이 휘둥그레졌다. 나도 방금 책에서 깨어난지라 갑자기 말문이 막혔다. 오히려 먼저 말을 건 쪽은 재판장님이었다.

"어쩐 일이세요?"

"아…… 네, 판사님. 정말 중요한 사실을 아까 변론 중에 말씀 못 드려서요. 사정이 급박해서 꼭 지금 말씀드려야 할 것 같아서요."

나는 토지 보상금이 지금 빠른 속도로 풀리고 있어서 지금 처분의 효력이 정지되지 않으면 나중에 위법성을 인정받아도 사정판결로 갈 수밖에 없게 되는 사정을 말했다.

재판장님은 다소 얼떨떨한 표정이었지만, "그럼, 그 사실에 대해 주장을 정리하고 소명자료[16]를 붙여서 제출하세요" 하고 말했다.

"네, 곧바로 제출하겠습니다. 그럼."

나는 얼른 인사하고 그 자리를 빠져나왔다.

---

16   변론이 요구되는 재판에서 주장에 대한 직접적이고 명백한 증거로서 필요한 자료는 입증자료라 하고 그 정도의 입증이 없어도 되는 재판에서 증거로 요구되는 자료를 소명자료라고 한다.

" 나는 무슨 퍼즐이라도
   짜 맞추는 기분으로
   증거서류들과 법령들을
   일일이 대조해가며 검토하기 시작했다.
   당장 재판까지 시간이 얼마 남지 않아
   마치 고등학교 수학 경시대회에
   나간 기분이 들었다. "

6장

높고 단단한 벽, 그리고 계란들 2

바람의 방향을 바꿀 수 있을까

한여름의 현장검증

"변호사님, 왜 이렇게 효력정지가 안 나와요? 어제도 주공 직원들이 나와서 주민들 찾아다니면서 보상금 받으라고 설 득하고 갔어요. 엊그제 재판 때문에 위기의식을 느낀 것 같 아요. 빨리 밀어붙여서 사정판결로 몰고 가려는 심산이 아닐 까요?"

주민들이 효력정지가처분이 나오지 않는다며 발을 동동 구르고 있을 때쯤, 나는 법원으로부터 한 통의 전화를 받았 다. 재판부에서 이번 사건을 담당한 주심판사님이셨다.

"저희 재판부에서 현장검증 나가기로 결정했습니다. 그래 서 날짜와 시간을 조절하려고요."

효력정지 결정은 아니었지만, 그보다 더 반가운 소식이 었다. 현장검증 신청이 받아들여졌다는 소식만으로도 주민 들은 감격해했다.

"처음이에요. 우리 주민들의 호소에 조금이라도 응답해 준 것은 이번이 처음인 것 같아요."

주민들은 오랫동안 정부를 상대로, 주택공사를 상대로, 그리고 이번에 마지막으로 법원을 상대로 메아리 없는 싸움을 계속해오고 있었다.

현장검증은 법원의 증거 수집 방법에 지나지 않는 것이지만, 재판부 판사들이 직접 나와서 사정을 살펴본다는 사실만으로도 주민들에게는 고맙고 감격스러운 것으로 받아들여진 것이다.

현장검증 날짜는 바로 며칠 뒤로 잡혔다.

8월 초순의 무더위가 한창인 날, 그것도 뙤약볕이 내리 쬐는 오후 2시 반에 현장검증이 시작되었다. 너무 더우니 시원할 때 하자며 미룰 수도 없는 노릇이었다. 몇 시간이 걸릴지도 모르고, 오히려 밝고 훤한 대낮이어야 제대로 볼 수 있을 테니까.

예정된 시간보다 조금 일찍 현장에 도착하자 주민 대표와 최 회장님을 비롯해 주민들이 미리 대기하고 있었고, 상대 측에서도 소송대리인 변호사를 비롯하여 주택공사 직원들과 경기도청 담당 공무원들이 속속 도착했다.

현장검증은 검증을 신청한 당사자가 주도적으로 진행하게 되어 있었으므로 주민들은 며칠 전부터 함께 모여 이날을 대비해왔다.

마지막으로 공무 수행 로고가 찍힌 법원의 공용차가 도착했고, 법복을 벗은 판사님 세 분이 차례로 내렸다. 차 안에서 기다리고 있던 양측의 당사자들이 일제히 나와 판사님들을 맞이했다.

차에서 내리니 무더운 공기가 온몸을 덮쳤고, 구름 한 점 없이 강렬한 태양 빛이 아스팔트에 내리꽂히고 있었다. 밝다 못해 눈이 부셔서 제대로 볼 수 있을지 염려스러울 정도였다.

아무도 이런 상황을 예상치 못했는지 나를 비롯해 선글라스조차 쓴 사람이 없었다.

"자, 어디서부터 시작할까요?" 재판장님이 강렬한 햇빛에 눈도 제대로 뜨지 못한 채 물었다.

"일단, 다들 차를 타고 움직여야 할 것 같아요. 우선 도로 구역결정이 난 노선부터 보시죠. 바로 저기 빨간 깃발부터 시작됩니다. 저희가 앞장서겠습니다."

숨쉬기도 힘든 무더위에 다들 재빨리 차 안으로 들어갔고, 나는 주민 대표가 운전하는 지프차로 옮겨 타 제일 앞장서서 움직였다.

그 뒤를 법원 차와 경기도청, 주택공사 차들, 그리고 주민들의 차가 일렬로 행진하듯 뒤따랐다.

주민 대표는 미리 준비한 대로 제일 먼저 계획노선이 시작

되는 고양시 파주 쪽에서 넘어와 덕양구의 지점에서부터
빨간 깃발이 일렬로 꽂힌 모습이 잘 보이는 밭 가운데 길을
천천히 달렸다.

처음 와보았을 때는 늦겨울 또는 초봄이어서 주변 언덕들
이 앙상했는데 이제는 녹음이 짙게 배어 있었다. 마을에 다
다르자 빨간 깃발들이 여전히 집과 집 사이를 밟듯이 지나
쳐서 언덕 너머로 사라지는 모습이 눈에 들어왔다. 그때처
럼 현수막도 그대로 저항하는 내용의 시뻘건 글씨들로 도배
되어 있었다.

계획노선이 끝나는 지점에 다다르자 주민 대표는 근처 공
터에 차를 세웠다.

"여기서부터는 걸어서 가야 할 것 같습니다."

뒤따르던 차들도 속속 도착하면서 공터에 차들을 세워놓
고 내렸다. 주민 대표는 마을을 한눈에 조망할 수 있는 곳으
로 간다면서 한강변 쪽의 고가도로를 향해 걷기 시작했다.
몇 걸음밖에 걷지 않았는데도 등과 이마에 땀이 줄줄 흐르
고 강렬한 햇빛에 살갗이 따가워지고 얼굴도 화끈거렸다.

뒤돌아보니 아니나 다를까 가관이었다. 모두 사무실에서
만 일하던 사람들이라 한여름의 뙤약볕에서 걷기에는 너무
나 부적절한 옷차림에 구두를 신은 채 눈만이라도 뜰 요량
으로 손바닥으로 이마만 가리고 헉헉거리며 걷고 있었다.

주민 한 사람이 차 트렁크에서 커다란 골프장용 우산을

꺼내 들고 와서는 재판장님께 씌워드렸다. 재판장님은 "여성분들 주세요" 하고 사양하며 내 쪽을 가리켰다. 나는 그때 여성 배석판사님과 나란히 걷고 있었다.

주민 대표가 예정한 지점까지 가기 위해서는 길이 아닌 곳도 지나가야 했다. 굴다리 밑에서 계단이라 할 수도 없는 흙 계단을 올라간 뒤, 가드레일을 넘어 인도가 없는 자동차 전용도로가를 일렬로 서서 걸어가야 했다. 여름 한낮, 뙤약볕 아래에서 정장 차림으로 아스팔트 8차선 도로 위를 걸어가는 행렬이라니. 몇몇은 하이힐에 알록달록 골프 우산까지 쓰고서……. 지금 생각하면 거의 희극인데, 당시에는 아무도 웃는 사람이 없었다.

이날의 현장검증이 재판에 어떤 영향을 미칠지 누구도 알 수 없었으므로 주민들은 물론이고 주공 측 직원들도 단단히 벼르고 왔을 터였다.

주민 대표가 생각한 지점에 이르자, 계획노선이 끝나고 마포구 상암동과의 접점이 되는 곳이 보였다. 주민 대표는 "마을을 통과하지 않는 대안 노선은 접점에서 급커브를 만들기 때문에 불가하다"는 주공 측의 주장에 대해 이렇게 반박했다.

"재판장님, 대안 노선을 저쪽으로 붙인다면 전혀 급커브를 만들지 않습니다. 그리고 여기서 보시면 알 수 있듯이 저쪽은 충분한 공간이 있습니다."

주공에서는 기술 팀장이라는 사람이 나와 브리핑을 하기 시작했다. 직원들이 2절지 크기의 항공사진 조감도를 꺼내 양쪽에서 잡아주고, 기술 팀장은 지적봉을 손에 들고 마치 회의 석상에서 프레젠테이션이라도 하듯이 설명을 하기 시작했다.

"지금 주민들이 주장하는 대안 노선이 바로 이곳입니다. 하지만 이곳은 보시다시피 국방대학교를 지나가고 있어서 국방대학교가 동의해주지 않아 철회된 노선입니다."

"국방대학교는 2년 후에 이전하게 되어 있어요. 그리고 국방대학교 한가운데도 아니고, 축사 일부입니다. 그 부분은 가건물이에요" 하고 다혈질인 최 회장님이 다소 날카롭게 소리쳤다.

기술 팀장은─그것이 오늘 그의 역할이었으므로─주민들이 다소 신경질적으로 반박할 때마다 감정을 뺀 메마른 어투로 또박또박 반대 의견을 말하고 있었는데, 그것이 주민들을 더욱더 자극했다.

게다가 더위는 전혀 수그러들 줄 모르고 아스팔트에서 올라오는 열기에 전의에 불타는 양 당사자들이 내뿜는 열기까지 합쳐져 현장은 그야말로 찜통의 도가니였다.

재판장님은 기술 팀장에게 주민들의 주장에 대해 어떻게 생각하는지 설명을 요구하기도 하고, 자기 자신이 의문이 드는 사항에 대해서도 꼬치꼬치 캐묻는 등 긴 시간 동안 진

지하게 검증을 진행했다. 검증을 거의 마칠 때가 되자 재판
장님이 말했다.

"원고대리인, 오늘 우리 재판부에서 검증을 할 만큼은 다
한 것 같아요. 하지만 우리는 기술적인 부분에 대해서는 전
문가가 아니라서 이렇게 현장에 나와서 보아도 '어느 대안
이 계획노선보다 월등히 더 나은 것이다'라고 판단하기는
여전히 어려운 것 같아요. 그러니까 비례원칙 위반으로 법
원이 원고의 청구를 인용하기는 힘들 것 같단 말씀이에요.
내 말 무슨 뜻인지 아시겠어요?"

재판장님은 나에게 뭔가를 전해주려는 듯한 눈빛으로 똑
바로 쳐다보며 말했다.

무슨 의미로 저런 말을 하시나를 생각하며 나도 재판장님
을 바라보았다.

와이셔츠는 완전히 땀에 젖어 물에 들어갔다 나온 듯했
고, 이마에서 흘러내린 땀방울은 턱밑으로 떨어지고 있었
다. 하지만 그 와중에도 호흡은 전혀 흐트러짐 없이 다시 한
번 나에게 다짐하듯 말했다.

"명백한 위법 사유를 찾으세요. 어느 대안이 더 낫다는 것
을 입증할 수는 없어요. 계획노선 결정 자체의 위법 사유를
찾아보시라고요."

왔던 길을 되돌아 주차장으로 갔다. 주차장에 도착하니
주민들이 생수를 사 와서 현장검증에서 오는 사람들에게 나

눠주고 있었다. 다들 목마른 것도 잊고 열중해 있었던 것이다. 주민 한 명이 관용차에 타려는 판사들에게 생수를 건네주려고 달려갔으나 재판장님은 그것도 사양하며 차에 올라탔다. 재판부를 배웅하며 주민들은 "수고하셨습니다" 하고 외쳤다. 재판부가 떠난 뒤, 주민 대표가 나를 돌아보며 말했다.

"변호사님, 이제 승소 가능성이 50퍼센트 정도는 되지 않을까요?"

현장검증은 그렇게 끝이 났다.

마지막 변론기일

현장검증 이후에 나는 이 사건의 행정절차상의 하자가 중대하다는 사실을 입증하기 위해 다시 자료를 뒤지기 시작했다.

"우리는 기술적인 부분에 대해서는 전문가가 아니라서, 이렇게 현장에 나와서 보아도 어느 대안이 계획노선보다 월등히 더 나은 것이라고 판단하기는 여전히 어려운 것 같아요."

판사님의 이 말은 즉 이익형량의 하자를 이유로 하는 위법성, 즉 대안이 있다거나 환경 피해가 도로 건설로 인한 이익에 비해 현저히 크다거나 하는 점에 대해서는 입증하기도 곤란하거니와 법원도 이를 인정해주기를 꺼린다는 점을 분명히 하는 것이었다.

이렇게 주민들의 마음에 억울함이 맺힐 때에는 역시 이유가 있는 법이다. 다행히 자료를 더 뒤져 또 다른 절차 위법 사유를 찾아냈다.

즉, 사전환경성검토를 제때에 하지 않았기 때문에 사전환경성검토서로 주민, 관계 전문가, 환경단체, 민간단체 등 이해 당사자의 의견을 들어야 한다는 규정에 따라 주민 공람 및 설명회를 거쳐야 하는 데도 이를 생략했다. 또한 나중에 환경영향평가서로 주민 설명회를 했는데, 이는 법규가 정하고 있는 주민의견 수렴절차를 위반한 것이었다. 이와 같은 주민의견 수렴절차 위반은 그 하자가 중대하다고 판단한 유사 판례도 여럿 있었다. 유사한 판례들을 인용해 정성껏 준비서면을 작성해서 다음 변론기일을 위해 법원에 제출했다.

다음 변론기일, 재판부는 양 당사자들에게 더 이상 주장할 것이 없는지를 확인하고는 서둘러 변론을 종결했다. 선고일은 4주 후로 정해졌다.

"변호사님! 어떨 것 같아요? 확률은 반반인가요, 아니면 조금이라도 우리 쪽일까요?"

"글쎄요. 절차 위법성에 대해서는 확신할 수 있지만, 그것을 이유로 재판부가 취소해줄지에 대해서는……."

진인사대천명! 나로서는 최선을 다했지만 과연 재판부는 위법성을 인정해줄 것인가, 인정해준다 하더라도 처분을 취소하는 데까지 이를 것인가. 그것은 이미 나의 손을 떠난 것이었다.

4주는 너무나 더디게 지나갔다.

그동안 주민들은 공사가 계속 진행되고 있다면서 이러다가는 사정판결이 나는 것 아니냐며 걱정하는 전화를 했다. 사실, 거의 5개월간 재판이 진행되는 동안 법원은 현장검증까지 하고도 효력정지가처분을 받아주지 않고 있었다. 그것은 재판부가 주민들에게 불리한 심증을 갖고 있음을 증명하는 것이기도 했다. 원고 청구를 인용할 심증이었다면 일찌감치 효력정지가처분을 해서 더 이상 피해가 없도록 공사 진행을 막았을 것이었다.

행정절차의 위법성은 충분히 입증했다는 자신이 있었다. 하지만 재판부가 그것을 중대한 하자로 인정해 취소 처분까지 나아갈 것인가에 대해서는 회의가 들기 시작했다. 실체적인 위법 사유, 즉 이익형량의 하자나 비례원칙 위반은 법원이 인정하기 어렵다는 사실은 현장검증 때 분명히 하지 않았던가.

"이 사건을 법원이 인용한다면 그야말로 기념비적인 판결이 될 거요. 이제까지 법원이 절차의 위법성을 이유로 정부가 하는 도로건설 계획을 취소시킨 적은 없거든. 특히 이렇게 신도시 계획과 맞물려 있는 도로는 자칫 공공의 적이 될 수 있다니까요."

주변에서는 이 선고 결과에 대해 부정적인 예상을 하고 있었다. 나도 분위기로 보아 인용될 것 같지 않다는 쪽으로 갈수록 기울고 있었다.

선고 당일, 아침 일찍 주민들은 선고 한 시간 전부터 법정으로 모여들었다.

나는 사무실에서 주민들의 연락을 기다리고 있었는데, 선고가 나왔다 싶었을 즈음 바로 주민 대표의 전화가 왔다.

"변호사님, 선고가 연기되었어요! 이걸 어떻게 해석해야 돼요?"

"네?"

"그리고 뭐라고 더 말씀하셨는데, 저희가 이해를 잘 못 해서요."

"잠깐 기다려 보세요. 제가 알아보고 곧 연락드릴게요. 일단은 좋은 징조인 것 같네요."

얼마 후, 나는 놀라운 소식을 들을 수 있었다. 선고가 연기됨과 동시에 변론이 재개되었고, 게다가 효력정지 처분이 함께 난 것이었다!

'드디어 바람의 방향이 바뀐 거야!'

효력정지 처분이 나다니! 소송을 제기한 지 6개월 만이었다. 주민들은 감격했다.

"처음이에요. 우리가 주공의 손을 멈추게 하다니! 변호사님, 이제 승소 가능성은 80퍼센트쯤 된 것 아닌가요?"

재판부는 처음부터 도로건설 계획을 취소시킬 수는 없을 것으로 보아 청구를 기각할 심증이었기에 절차의 위법성에 대해 대수롭지 않게 여기고 변론을 종결했지만, 선고를 위해 기록을 모두 검토하고 나니 절차의 위법성을 인정할 수밖에 없었을 것이다. 그리고 이를 인정하는 이상 쉽게 원고의 청구를 기각하는 판결문은 쓸 수가 없었을 것이었다.

과연 며칠 후 재판부는 선고연기 및 변론재개 결정서를 보내면서 피고 측에 대해 석명[1]을 요구하는 서면을 보냈는데, 그것은 사전환경성검토서 초안으로 주민 공람 및 설명회를 거치지 않았다는 원고 주장이 사실인지에 대해 확인하는 내용이 포함되어 있었다. 다시 변론기일이 4주 후로 잡혔고, 그 4주 동안은 거의 날아갈 것 같은 기분으로 지냈다. 효력정지가처분이 났으니 공사도 더 이상 진행할 수 없었으므로 주민들로서는 이제 재판이 길어져도 조바심칠 필

---

1 재판장은 판단하는 데 필요한 사실관계에 대한 설명이나 주장, 증거 등을 보완하라고 촉구할 수 있다. 이것을 석명이라 하고 한쪽 당사자가 재판장에게 상대방의 석명을 요구하도록 신청하는 것을 '석명을 구한다'고 한다.

요가 없어졌던 것이다.

제2자유로가 법원의 효력정지 처분으로 건설이 중단되었다는 사실은 획기적인 사건이었으므로 몇몇 신문에도 보도되었고, 어떤 기자들은 사무실로 전화해서 인터뷰를 요청하기도 하였다. 하지만 아직 본안이 승소한 것도 아니어서 괜히 언론의 주목을 받게 되면 재판 결과에 안 좋은 영향을 미칠 가능성도 배제할 수 없었으므로 주민들에게도 언론에 너무 많이 노출되지 않도록 자제를 당부했다.

마지막 변론기일을 하루 앞둔 날, 상대방으로부터 변론준비서면이 팩스로 도착했다.

변론기일에 촉박하게 법원에 준비서면을 제출하는 것은 상대방에게 반박 준비를 못하게 할 우려가 있기 때문에 상대방 변호사에게 팩스로라도 준비서면을 보내고 부본영수[2] 서명을 받는 것이 관례이다. 어떤 변호사님은 이런 경우 절대 부본영수 서명을 해주지 않기도 한다지만, 나는 꼭 그것이 재판 결과에 영향을 미칠 것 같지는 않아 부본영수를 거

---

2   부본은 원본의 훼손을 대비하거나 정본과 같은 효력을 갖도록 예비적으로 만든 것이어서 정본이 없을 때 동등한 효력을 갖는다. 소장을 만들 때 같은 내용으로 세 부를 만들어 정본은 법원에 제출하고 그 부본은 원고, 피고가 각각 보관한다. 이때 피고가 원고로부터 부본을 받는 것을 부본영수라고 한다. 그런데 부본을 변론기일에 급박하게 받게 되면 부본영수 서명을 거절함으로써 그 준비서면은 기일에 변론할 수 없게 만들 수 있다.

의 해주는 편이었다.

그래서 이번의 준비서면이 오후 5시가 넘어서 사무실에 팩스로 도착했을 때에도 바로 내일이 기일이라 '이건 좀 심한데' 싶긴 했지만 일단 부본영수를 해주고 대충 서면을 훑어보았다.

내용을 보니, 소송대리인이 바뀌어 있었다. 이제까지 맡았던 변호사님과 별도로 어느 법무법인을 새로 선임하였는데, 신임 소송대리인은 전혀 새로운 주장의 내용으로 또 수십 장에 이르는 변론 준비서면을 낸 것이었다.

나는 그날 저녁 약속이 있어 일찌감치 일감을 정리하고 나갈 준비를 하던 참이었는데, 어느 대목을 읽다가 순간 경악하였다.

이번 피고 측 준비서면은 법원의 석명에 대한 답변과 함께 앞서 내가 사전환경성검토 절차 위반을 지적하며 제출한 내용에 대해 반박하는 것이었는데, 내용인즉 자신들이 사전환경성검토서로 주민 공람 및 설명회를 실시하지 않은 점은 인정하지만 그래도 위법하지 않으며, 그 이유는 환경정책기본법 부칙 제2조상 이 사건 도로가 사전환경성검토 규정의 적용 대상이 아니라는 것이었다!

'뭐라고?'

나는 일순 저녁 약속을 취소해야 하나 생각했다.

이제까지 이 사건이 사전환경성검토의 시기를 위반하였

다거나 그 사전환경성검토서 초안으로 했어야 할 주민의견 수렴절차를 위반하였다거나 모두 사전환경성검토제도와 관련하여 절차 위반을 주장하고 있었다. 그런데 이 사건 도로계획 자체가 환경정책기본법 부칙 경과규정에 따르면 사전환경성검토제도가 적용될 대상이 아니라니, 한꺼번에 모든 무기를 무용지물로 만드는 것이었다.

'그럴 리가 없는데. 그렇다면 사전환경성검토 협의는 왜 한 거야?'

나는 잠시 마음을 가다듬고, 저녁을 먹은 뒤에 본격적으로 한번 살펴보기로 하고 일단 저녁 식사 장소로 향했다. 하지만 저녁은 먹는 둥 마는 둥, 식사를 마치자마자 다시 사무실로 들어와 상대방의 준비서면을 꼼꼼히 읽어보았다.

환경정책기본법은 이 사건 도로의 건설 계획이 처음 수립된 이후부터 현재 도로구역결정이 나기까지 3, 4년 사이에도 몇 번이나 개정이 있었고, 사전환경성검토제도는 그사이에 도입되었다. 그래서 언제 계획이 시행되었느냐에 따라 개정 조항이 적용될 것인지 말 것인지, 즉 주민의견 수렴절차를 어떻게 해야 하는지, 사전환경성검토를 해야 하는지 여부 등이 달라지기도 하였다.

게다가, 사전환경성검토 협의 절차를 언제 진행해야 하는가 또한 도로법상에서 정하는 기본설계 또는 실시설계 시점에 따라 정해지는 것이어서 단번에 위법성이 드러나는 문제가 아니었다.

　나는 무슨 퍼즐이라도 짜 맞추는 기분으로 증거서류들과 법령들을 일일이 대조해가며 검토하기 시작했다. 당장 내일 재판까지 시간이 얼마 남지 않아 마치 고등학교 수학 경시대회에 나간 기분이 들기도 했다.

　규정의 의미는 명확했으나 적용을 어떻게 할 것인지는 가능성이 하나가 아니었다. 이런 경우 우리에게 유리한 결론이 날 수 있는 하나의 해석을 재판부에 주장하고 설득하려면 사실관계와 법 규정의 전체적인 맥락을 다 살펴서 우리가 주장하는 해석이 가장 합리적인 것이 될 수밖에 없는 논리들을 구성해서 이를 설득력 있게 펼쳐야 한다.

　물론 그것은 논리의 문제이기에 앞서 정의의 문제이기도 했다. 어느 해석이 가장 합리적이면서 타당한가.

　한참 동안 기록과 법 규정을 대조해가며 씨름하던 나는 한순간 어떤 초점이 맞춰지는 것을 느끼며 자리를 박차고 일어났다. 창밖은 어느새 칠흑 같은 어둠으로 채워져 있었지만, 나의 마음은 아까보다 환해져 있었다.

　마지막 변론기일.

　전날 밤늦게까지 반박 준비서면을 작성하느라 잠이 부족한 상태에서 재판에 들어갔지만, 정신은 맑았다.

　"피고대리인, 김영현(가명) 변호사님. 새로 선임되셨네요. 그리고 준비서면을 어제서야 제출하신 것 같은데……. 한번 주장 내용을 요약해서 변론해주시겠습니까?"

"네, 급히 선임되느라 어쩔 수 없이 늦게서야 제출하게 되었습니다. 죄송합니다."

신임 소송대리인 김 변호사는 30대 후반 정도로 보이는 젊은 변호사로 단정하고 예의 바른 느낌을 주는 분이었다.

"어제 제출한 준비서면의 요지는 지금 원고대리인께서 주장하시는 사전환경성검토와 관련한 절차 위반 사유는 이 사건에 해당하지 않는다는 것입니다. 왜냐하면 사전환경성검토서 초안에 대해 주민 공람 및 설명회를 실시하여야 한다는 환경정책기본법 제25조의 5규정은 2005년 5월 31일 신설되었는데, 그 부칙 제2조 의견수렴절차 신설에 따른 적용례를 보면 제25조의 5개정 규정은 '이 법 시행 후 최초로 사전환경성검토를 실시하는 행정계획부터 이를 적용한다'고 규정하고 있습니다. 그런데 이 법 시행은 2006년 6월 1일부터였으므로 이미 2004년 4월 14일부터 도로 건설을 위한 행정계획 수립절차에 착수하여 2004년 5월 사전 노선 협의가 시작된 이 사건에는 적용되지 않는다는 것입니다. 뿐만 아니라, 이 사건은 사전환경성검토 협의 대상도 아니기 때문에 사전환경성검토 협의를 제때에 거치지 않았어도 위법이 아닙니다. 왜냐하면, 환경정책기본법 및 시행령에 따르면……."

김 변호사님은 환경정책기본법과 도로법 시행령 등을 언

급해가며 어제 내가 보았던 그 규정들의 적용에 대한 주장을 다소 길지만 차분하게 펼쳤다.

김 변호사의 변론이 끝나자 재판장은 몇 가지 궁금한 점을 지적해서 질문을 더 했고, 피고대리인은 전날 내가 보았던 그 준비서면의 내용에 충실하게 답변하였다.

방청석의 주민들 사이에 긴장이 감도는 것을 느끼면서 나는 마음속으로 조용히 주장을 정리하고 있었다.

"원고대리인, 방금 들으셨죠. 피고가 석명한 부분에 대하여 반박해보시겠습니까? 어제 준비서면을 받으셨는데 가능하실까요?"

"네, 어제 부본영수해서 충분히 준비서면 검토했고, 거기에 대해 반박하는 내용을 여기 준비해 왔습니다."

나는 어제 밤늦도록 새로 만든 변론 준비서면을 법대 아래에 대기하고 있는 법정 직원에게 건네주며 말했다.

"결론부터 말씀드리자면, 피고 측 주장은 소위 포섭의 착오 또는 적용의 오류에 의한 것으로 이 사건 도로 건설 공사 계획에 대해서는 사전환경성검토서 초안으로 주민 공람 및 설명회를 거쳐야 하는 것이 맞습니다. 왜냐하면, 방금 피고 대리인이 지적하신 부칙 제2조는 '이 법 시행일(2006년 6월 1일) 이후 최초로 사전환경성검토를 실시하는 행정계획에 대해 적용한다'고 되어 있지, '이 법 시행일 이후 최초로 실시하는 행정계획에 대해 적용한다'고 되어 있지는 않습니

다. 그렇다면, 이 사건 도로건설 계획이 언제 시작되었는지
와 무관하게 최초로 사전환경성검토를 실시한 시점이 기
준인 것이고, 그 시점은 2006년 9월임이 명백한 증거가 제
출되어 있습니다. 그렇다면, 이 사건이 이 법 시행일 이후인
2006년 9월에 최초로 사전환경성검토를 실시하는 행정계
획에 해당되고, 주민의견 수렴절차 규정이 적용되어야 함
은 당연한 것입니다. 또한 사전환경성검토 협의 대상이 아
니라는 부분에 대해서도 만약 그렇다면, 아님에도 불구하
고 실제로 사전환경성검토 협의를 한 이유는 무엇인지 피
고대리인은 설명을 해야 할 것입니다."

재판장님은 갑작스럽게 쏟아지는 두 변호사의 팽팽한 변
론에 잠시 멈칫하며 양쪽이 낸 준비서면을 다시 번갈아 읽
어보더니 잠시 후 이렇게 말했다.

"그렇군요. 법 제25조의 주민의견 수렴절차는 시행일 이
후에 최초로 사전환경성검토가 시행되는 경우라면, 원고대
리인 주장대로 거쳐야 하는 것이 맞는 것 같은데……. 그 초
안으로 주민 공람이나 설명서를 거치지 않은 건 피고 측도
인정하는 사실이지요?"

피고 소송대리인이 잠시 방청석을 돌아보며 주공 측 직
원들을 쳐다보았다. 방청석에 앉아 있던 주공 측 대표가 일
어서며 대답했다.

"네, 그건 맞습니다. 하지만 나중에 주민 설명회는 했습

니다."

재판장은 갑자기 약간 높은 소리로 말했다.

"아니, 분명하게 말씀하세요. '사전환경성검토서 초안' 으로 공람 및 주민 설명회를 했냐고요."

"네, 안 했습니다."

재판장은 주공 직원 대표에게 말했다.

"잠깐 변호인석으로 나와보세요."

이 사건에 관해 가장 오랫동안 관여했을 그 주공 대표는 늘 방청석 맨 앞자리에서 피고대리인에게 자료를 챙겨주거나 귓속말로 사건의 진행을 코치하곤 했다. 그가 피고대리인과 나란히 서자 재판장은 말했다.

"지금 피고대리인께서 이 사건이 법 규정상 처음부터 사전환경성검토 협의 대상도 아니었기 때문에, 사전환경성검토 협의 시기를 위반하였다 하더라도 위법이 아니라고 주장하신 것 들으셨죠? 그렇다면 참가인(주공)은 왜 사전환경성검토 협의 대상도 아니었는데, 사전환경성검토 절차를 이행하였나요?"

"네, 그것은 우리가 2006년 8월 노선 확정 후에 환경부에 구두로 문의한 적이 있었는데, 환경부에서 사전환경성검토 절차를 이행하는 것이 낫겠다고 권고하기에……."

"아니, 참가인.[3] 행정절차라는 것이 법에 따라 해야 하면

3 이 사건에서 피고는 경기도지사였고, 주택공사는 보조참가인 자격으로 재판에 참석한 것이었다.

하는 것이고 안 해도 되는 것이면 안 하는 것이지, 무슨 '하는 것이 낫겠다'는 답이 있어요? 환경부가 해야 한다고 답한 것이 아니고 하는 것이 낫겠다고 답한 것은 분명한가요? 그리고 해야 하는지 하지 않아도 되는지를 법 규정을 보고 독자적으로 판단해서 하거나 말거나 하는 것이지, 환경부에 물어봐서 하고 말고를 정해요?"

재판장의 목소리 톤이 좀 더 높아졌다. 재판장은 사실관계를 몇 가지 더 확인하기 위해 주공 대표에게 이것저것 질문하더니 변론을 정리했다.

"우리가 선고기일을 연기해가면서 이렇게 변론을 재개한 것은 절차 위반 등에 대해 몇 가지 확정되지 않은 사실들이 있어서였습니다. 오늘로써 변론은 종결하도록 하고, 더 주장할 것이 있으면 참고자료로 볼 테니 선고기일 전까지 재판부에 제출해주십시오. 그리고 소송대리인, 마지막으로 할 말 있으면 변론하시고요."

나는 드디어 이 긴 사건을 마무리하기 위해 일어섰다.

"존경하는 재판장님! 이 사건은 지금 절차의 위법성을 가지고 치열하게 다투고 있지만, 사실 이 처분이 취소되어야 할 이유는 절차의 위법성 때문만은 아닙니다. 적법한 절차는 주민들의 권리나 환경에 대한 충분하고도 적절한 고려가 의사 결정에 반영되게 하기 위한 수단입니다. 따라서 그 위반은 그 자체 권리 침해가 되기도 하지만 동시에 장기적인 관점에서 합리적인 의사 결정을 하는 대신, 단기적인 안목으로 비합리적인 의사 결정으로 이끈 원인이 되기도 하였습니다. 실제로 이 사건 도로건설 계획은 처음 계획할 당시의 목적에 비해 비용이 지나친 수단이 되고 있습니다. 이 도로는 2001년 당시 파주 신도시 건설 계획을 세우면서 신도시 주민들이 서울로 진입하는 교통수요를 보충하고자 하는 목적에만 기여하는 수단으로서, 고양시 덕양구의 미래나 주민들의 환경권에 대한 고려는 전혀 없이 설계된 것입니다. 그런데 지금은 2008년, 그 뒤로 7년이나 지났습니다. 그 이후, 교통정책의 패러다임도 변했습니다. 요즘은 친환경 녹색 성장이라는 시대적 요청에 따라 되도록 자동차전용도로처럼 많은 부지를 소모하는 도로 건설을 자제하고 있습니다. 지금 현시점에서 본다면, 대중교통 체계를 바꾼다든지 친환경 경전철을 설치한다든지 이런 마을을 단절시키는 자동차전용도로 말고 덕양구 주민들도 사용할 수 있는 일반도로를 설치한다든지, 얼마든지 다른 대안이 있습니다. 실제로 지금 프랑스를 비롯한 선진국에서는 도심이나 수도권에서는 더 이상 자동차도로 공급은 하지 않고, 자동차 수요를 감소시키는 방향으로 나아가고 있습니다. 우리나라 송파구에서도 신도시에서는 도심 내 트램[4]을 설치하는 안을 구상하고 있다고 들었습니다. 더구나, 이 제2자유로가 과연 원래

4　온실가스를 배출하지 않는 전기차로 최근 프랑스에서 도심이나 수도권에 설치되어 성공을 거두고 있다.

의 목적 달성에 얼마만큼 기여할 수 있을지도 의문입니다. 자동차전용도로는 자동차를 나르지만, 트램과 같은 전철은 사람만 나릅니다. 즉 신도시와 수도를 트램으로 연결한다면 자동차가 움직이지 않으므로 서울에 자동차 증가가 없을 것이나, 도로로 연결한다면 신도시로 분산시켰던 인구가 아침이면 자동차와 함께 서울로 들어와 서울을 다시 주차장으로 만듭니다. 이와 같은 사정들을 고려하셔서 이 사건 처분이 절차적으로도 위법할 뿐 아니라 이익형량에도 하자가 있음을 인정해 원고의 청구를 인용해주시기 바랍니다."

또다시 선고기일은 4주 후로 정해졌다. 재판이 끝나자, 주민들이 내게로 몰려들었다.

"변호사님, 수고하셨어요. 정말이지 오늘은 저희가 그동안 가슴에 쌓였던 답답한 것들이 다 풀려나가는 것 같았어요."

"주공 사람들이 그동안 저희가 그렇게 호소해도 마이동풍이더니만, 오늘 답도 제대로 못 하고 쩔쩔매는 것을 보니 어찌나 신이 나던지요."

"변호사님! 이제 승소 가능성이 90퍼센트라고 봐도 되지 않을까요?"

조 대표는 또 승소 가능성을 한 단계 올려 점치고 있었다.

" 공정한 눈으로 본다는 것은,
양쪽 당사자의 입장을
반반씩 본다는 뜻이 아니라
양쪽 당사자 입장을 모두
온전히 본 다음에
균형 잡힌 판사의 눈으로
다시 본다는 뜻이다. "

7장

높고 단단한 벽, 그리고 계란들 3

미래의 도시를 고민하는 일

선고를 앞두고

선고를 며칠 앞둔 어느 날, 주민 대표가 전화를 했다.

"변호사님, 지금 공사 중지 처분 중 아니에요?"

"네. 효력정지가처분이 났으니 판결이 선고될 때까지는 도로구역처분은 없는 것과 마찬가지입니다. 그러니 공사도 못 하는 것이 당연하지요."

"그런데 왜 갑자기 공사를 시작하고 있지요?"

"네?"

며칠 전부터 갑자기 자재들을 가져다 놓고 컨테이너를 설치하는 등 공사 준비를 서서히 하고 있다는 것이었다. 엄밀히 말하면 공사를 하는 것은 아니고 공사 준비를 하는 것이니 가처분위반이라 할 수는 없었지만, 주민들로서는 선고도 나지 않았는데 마치 기각판결이라도 난 것처럼 공사를 준비하는 모습이 영 불안하고 못마땅했던 것이다.

나는 무슨 특별한 사정이 생겼나 궁금하기도 하여 인터넷으로 제2자유로에 대해 검색을 해보았다. 별다른 뉴스거리는 없었다. 그런데 순간 제2자유로에 대한 어떤 기사의 헤드라인이 내 눈에 들어왔다.

"만리장성 같은 제2자유로, 일산이 수변 도시로 발전하는 데 걸림돌"

뉴스를 클릭해보니, 고양시에서 어느 시의원이 '삶과 일을 담아내는 미래도시'라는 주제로 세미나를 열었다. 거기서 어느 건축학과 교수님이 일산의 미래에 대한 비전을 제시하면서, 지금 건설 예정인 제2자유로는 일산이 한강과 연결되는 수변 도시로 발전하는 데 걸림돌이 될 수 있다는 내용으로 주제발표한 것을 소개하고 있었다.

'바로 이거야!'

내가 이 사건을 처음 맡았을 때, 주민들의 정당한 권리를 침해한 사유를 찾아 위법한 처분을 취소시키는 것은 법률가인 나나 법원의 몫이지만, 비례원칙 위반이나 이익형량의 하자를 논하자면 어떤 것이 더 유익하다거나 더 나은 비전의 관점에서 본 대안에 대해서 보완해줄 무엇인가가 필요하다고 느끼고 있었다.

이곳 고양시 덕양구에 도로를 놓아 두 동강 내서는 안 되

는 이유, 우리가 도로를 놓아서 잃게 될 잠재적 가치를 낭만
적인 언어가 아닌 계량적인 자료나 구체적이고 현실적인
대안을 제시해서 이익형량의 하자를 명백히 해줄 무언가를
찾고 있었던 것이다.

이런 이유를 찾아 건축가나 교수님을 뵙고 의견을 물었
던 것이었는데, 건축가는 다소 주관적인 의견을 내고 교수
님은 오히려 피고에게 유리할 수 있는 의견을 피력하는 바
람에 전문가들의 의견으로 주장을 보완하는 방안을 내심
포기하고 있었던 것이다.

변론은 종결되었지만 재판장님도 말씀하셨듯 선고 전에
참고 자료로 제출할 가치는 충분히 있을 것 같았다.

유현준 교수가 그린 삼차원적 입체 공간

며칠 후 나는 잠시 시간을 내 유현준 교수의 건축연구소를
찾아갔다.

유현준 교수에 대해서는, 내가 원하는 내용으로 그가 세
미나에서 주제발표를 했다는 것과 현재 홍익대학교 건축학
과 교수라는 사실 외에는 아무것도 아는 것이 없었다. 하지
만 기사 내용으로 보아 적어도 도시 설계나 건축에 관해서
는 분명히 수준 높은 안목을 가진 전문가일 것이라는 믿음

이 갔다.

유 교수의 건축연구소는 젊은 예술가 지망생들이 아지트로 삼음직한 홍대 근처의 카페 골목에 위치해 있었다.

몇 번의 통화 끝에 오래된 유럽 도시의 뒷골목에도 똑같은 건물이 있지 않을까 싶게 생긴, 허름하지만 고집과 멋이 느껴지는 건축연구소 건물을 찾을 수 있었다.

"유현준 교수님과 약속한 사람인데요. 교수님은 어디⋯⋯?"

"접니다."

다소 나이가 있을 것으로 예상한 것과 달리, 거의 대학생처럼 보이는 외모에 자그마한 체구, 옷차림도 면바지에 폴로셔츠 차림이었다.

'이런! 법정에서 어필하기에는 너무 젊으시잖아?'

나는 유 교수님을 찾아온 자초지종을 간략히 설명했다.

유 교수님은 내 이야기를 듣더니 바로 노트북 컴퓨터에서 세미나에서 발표했던 프레젠테이션 자료를 보여주며 거의 주제발표를 하듯 자세히 설명해주었다.

"바로 이 자료입니다. 고양시 백 의원님이 일산의 비전과 관련해 '삶과 일을 담아내는 미래도시'라는 주제로 연 세미나에서 우연히 제가 발제자로 참가하게 됐죠. 마침 제가 평소에 일산에 관심이 많았거든요. 아마 이 사진들을 보시면 금방 감이 오실 거예요. 이 사진이 바로 한강 주변과 일산이고요, 이 사진이 찰스강 주변의 보스턴입니다. 상당히 비슷

하죠. 이 찰스강을 따라 '센트럴 아터리'라는 고가도로가 있었어요. 그런데 이 센트럴 아터리는, 보스턴 다운타운이 찰스강과 접하는 도시가 되는 것을 막은 도시 설계의 치명적 실수였어요. 그래서 1990년대부터 막대한 정부 예산을 투입해 지중화[1] 작업을 벌였죠. 10년 넘게 공사해서 도로를 철거하고 대신 지하도를 건설했습니다. 보세요. 이것이 현재의 보스턴과 찰스강 모습입니다."

나는 그동안 목마르게 찾던 바로 한 수 위의 비전을 구체적인 그림으로 눈앞에서 보게 되자 정신이 번쩍 들었다.

유현준 교수의 발표 내용은 내가 이 사건을 하면서 갖게 된 도시와 도로에 관한 문제의식에 대한 해답을 제시하면서 막연히 느꼈던 갈증을 풀어주었다.

앞으로의 도시들은 지금까지의 주택 보급에만 주안점을 둔 소비형 위성도시는 살아남을 수 없고, 생산성을 겸비한 자급자족형, 친환경 도시여야 한다. 이런 자급자족형 도시로는 교육도시가 가장 유력한데 일산의 경우 교육도시로 발전 가능성이 높은 지리적, 물적 여건을 가지고 있다. 바로 미국의 보스턴과 유사한데, 보스턴은 찰스강 주변에 MIT, 하버드, 보스턴 대학 등이 포진해 있다. 일산에는 현재 사법

1 땅속에 묻거나 설치함. 보통 도로 위 복잡한 전선을 땅속에 심어 정리하는 것을 말하는데, 여기서는 고가도로를 철거하고 대신 지하도를 건설해 도시 경관을 깨끗하게 하는 것을 말한다.

↙ 보스턴 다운타운을
가로지르는 센트럴
아터리의 모습

↓ 보스턴 다운타운의
지중화 작업 전(왼쪽)과
후(오른쪽)의 모습

연수원이 있고, 이곳 제2자유로가 지나가는 덕양구에는 항공대학교가 있어 이를 적극 이용해 우주항공산업 부문의 기업 도시로 육성할 수 있는 가능성이 있다.

"여길 좀 보시죠."

유 교수는 집들 가운데 개울이 흐르는 옛날 흑백사진을 보여주었다.

"원래 도시에서는 개울이 빨래터 등의 상하수도 역할을 했던 때가 있었어요. 그때의 개울은 공동체에서 이웃과 소통의 장소로 이용되었죠. 교통망이 수로를 중심으로 개발되고 자연적인 여건이 충족됐다면 베니스같이 될 수도 있었겠죠. 그런데 20세기형 근대도시는 자동차 중심으로 발전했어요. 그러면서 개울은 복개되고 그 위에 도로교통망이 생기면서 도로는 오히려 지역 커뮤니티를 단절하는 부정적인 역할을 하게 되었어요. 청계천의 경우를 봐도 알 수 있죠. 청계천은 이번에 복원되면서 커뮤니티의 소통 공간으로 되살아났습니다."

청계천 사진 옆에 샌안토니오와 후쿠오카 캐널시티의 사진도 보였다. 도로와 자동차 대신 요트, 곤돌라 같은 교통수단이 잔잔한 수면 위를 다니고 있었다.

우리는 개발과 도로 건설을 동일시하는 경향이 있다. 그리고 가끔 개발과 발전을 동일시하기도 한다. 하지만 도로가 많아진다는 것을 반드시 발전이라고 볼 수 있을까? 오히려 그만큼 감소하는 녹지나 공간이 우리에게는 더 소중한 것이 아닐까. 지금 우리들에게는 자동차도로가 없는 도시는 상상이 되지 않지만, 베니스에서 나고 자란 사람이라면 자동차도로가 생소할 것이다.

소통을 위해 건설되는 도로가 단절을 만드는 아이러니를 어떻게 풀 수 있을까.

"방법이 있죠. 도로를 지중화하는 거예요."

"도로를 지중화한다?"

"그래요. 지금 제가 일산에 대한 미래 비전을 제시하면서 한 이야기 중 일부입니다. 일산이 수변 도시로 가려면 지금 제2자유로가 계획된 이곳은 나중에라도 인공 지면으로 덮든가 보스턴의 고가도로 센트럴 아터리처럼 철거해서 지중화해야 합니다. 그 비용은 새로 놓는 것보다 더 들죠. 센트럴 아터리의 경우도 그랬어요. 후버댐 아시죠. 그 공사비보다 더 들었다고 하니까요."

"그렇다면 답이 나왔군요! 이 고양시 덕양구의 경우도 마을을 지나가는 구간은 적어도 지중화하는 것이 해결책이 될 수 있겠군요."

"그렇죠."

"그런데 비용은 어떻게 되나요? 지중화로 가는 경우 지금 계획된 공사비보다 훨씬 더 들 것 같은데⋯⋯."

"아니요. 지중화를 해서 얻는 이익에 비교하면 추가 비용은 아무것도 아니죠. 지중화하는 경우 그 지상은 그대로 활용할 수 있잖아요. 그리고 지상으로 연결된 부분은 상가나 공원이 될 수도 있고요. 그 살아난 활용 가치를 따진다면, 그 비용을 상쇄하고도 남지요."

나는 순간 도로 노선을 가지고 왈가왈부한 것이 말 그대로 이차원적인 논쟁이었다는 생각이 들었다. 우리가 살고 있는 공간은 입체가 가능한 삼차원인데 말이다.

"그렇군요. 갑자기 허탈한 생각이 드네요. 지상에서 부딪치면 하나를 지하로 보내면 되는 것을…… 마을을 두 동강 낼 이유가 없잖아요. 그런데 왜 지중화를 하지 않고 주민들이 반대하는데도 굳이 이렇게 도로를 만들려고 했을까요?"

"그건 말이죠."

유 교수가 씨익 웃으며 말했다.

"도로 만드는 사람들은 다 토목과거든요. 토목과는 지면만 다루잖아요. 지중화를 한다는 건 건축 개념이 들어가요. 단순하긴 해도 공간이니까요."

나는 유 교수님께 지금 세미나에서 발표한 그 자료만이라도 참고 자료로 제출할 수 있게 도와달라고 요청했다.

"오늘 제가 보고 들은 이 자료들을 유 교수님이 직접 법정에서 증언할 수 있다면 좋겠지만, 아쉽게도 이 사건은 이미 변론 종결해서 선고 날만 기다리고 있어요."

"승소할 가능성은?"

"반반인 것 같아요. 그야말로 재판장님 마음먹기에 달려 있죠. 그래서 직접 증거가 아니라도 이런 자료들이 도움이 될 것 같아요."

유 교수는 세미나 자료들을 모두 웹하드에 올려 내가 쉽게 자료를 받을 수 있도록 해주었다.

"고맙습니다. 만약 승소한다면 유 교수님 덕분이라고 생각할게요. 만약 패소한다면 항소심에서는 증인 서주세요."

"좋아요. 얼마든지 서드리죠. 저도 제발 그 도로가 생기지 않았으면 하고 바라는 사람 중 하나니까요" 하고 유 교수는 싱긋 웃으며 말했다.

나는 오랜만에 이 사건과 관련해 신선한 사고를 하는 전문가를 만나 매우 기뻤다. 헤어지면서 문득 궁금해졌다.

"교수님은 어떻게 일산을 수변 도시로 만들고 싶다는 비전을 갖게 되었나요?"

유 교수는 푸근하게 웃으며 말했다.

"아, 그게요. 제가 일산에서 나고 자랐거든요. 일산이 바로 제 고향이에요."

"아하, 그러시군요. 그럼 보스턴은?"

"제가 공부한 곳이죠."

유 교수는 연세대 졸업 후, MIT와 하버드에서 석사과정을 마친 능력자였다.

재판은 아프다

"전혀 납득할 수 없어요."

한 시간 전부터 법정에 모여 선고를 기다리던 주민들의 실망이 이만저만이 아니었다. 지난번 선고기일에는 반신반의했지만, 이번 선고는 90퍼센트까지 승소를 기대하고 있었다.

"재판에 이기고 판결에 지는 경우가 있다더니 바로 이를 두고 하는 말이었어."

최 회장은 실망하다 못해 분해서 어쩔 줄 몰라 했다.

"이건 뭔가 잘못되었어요. 당장 항소하자고."

"아닙니다. 우리한테 항소는 없어요. 저희는 이번이 마지막 기회였다고 생각해요."

이번에 소송을 한 주민들은 마음고생이 많았다. 사실 공항철도 때문에 한 번 소송을 한 적이 있었는데, 그때 너무 어이없이 패소했던 바람에 이번에도 거의 안 될 것으로 보아 아예 하지 말자는 반대 세력도 만만치 않았던 것이다. 패소한 것도 가슴 아픈데 이제 반대 세력들의 비아냥거림까지 견뎌야 하는 것이다.

판결문을 보니 우리가 주장한 사전환경성검토 시기 위반이나 주민의견 수렴절차 위반은 명백하였으므로 위법하다고 판단하였다. 그리고 그 위반은 중대하고도 명백한 것이라 할 수 있었다. 그런데 재판부는 "이 절차상 위법의 하자들이 치유되었다"고 최종적으로 판단하였다. 사후에 환경영향평가가 적법한 시기에 이루어졌다는 이유에서였다.

그리고 비례원칙이나 이익형량의 하자 주장에 대해서는 피고가 기술 및 법규상 대안들을 충분히 검토했고, "주민들이 입게 되는 환경 피해의 정도가 사회 통념상 일반적으로 수인하여야 할 범위를 초과한다는 점을 뒷받침하는 뚜렷한 증거가 없는 등"의 이유로 비례원칙을 위반하지 않았다고 했다.

재판은 아프다. 원래 판단判斷하는 것은 칼로 자르는 것이니까. 하지만 정의롭고 합리적인 판결은 당사자들을 속 시원하게 한다. 그것은 패소하는 경우도 마찬가지다. 충분히 납득이 되는 판결이라면 패소하고도 만족할 수 있다. 분쟁에서 완전히 해방되는 시원함은 승자 못지않게 누린다. 그것은 명의로부터 종양 제거 수술을 받은 것에 비견될 수 있을 것이다. 하지만 판결 이유가 도저히 납득이 되지 않는 경우 당사자는 그 해소의 느낌을 가질 수 없다. 마음에 찌꺼기가 남는다. 그래서 누구나 명의의 수술을 받고 싶은 것처럼 지더라도 명쾌한 판결을 받고 싶어 할 것이다.

나는 재판부가 기각의 이유로 삼은 것이 '하자가 치유되었다'거나 '환경 피해의 정도가 사회 통념상 일반적으로 수인하여야 할 범위를 초과한다는 증거가 없다'는 설시說示[2]를 도저히 납득하기 어려웠다. 그것은 주민들도 마찬가지였다. 차라리 사정판결이었더라면 주민들도 항소할 생각을 접었을 것이다.

도로가 마을을 두 동강 내며 지나가고 그것이 자동차전용도로일 때는 그 소음이나 매연이 수인한도를 넘는 것임이 명백한 것이다.

그래서 일본 동경지법에서는 얼마 전 이와 유사한 사례에서 "환경권 침해는 명백한 반면, 그로 인한 교통 개선의 효과는 불분명하다"고 하였던 것이다. 그런데 지금 우리 법원에서는 "교통 개선의 효과는 분명한 것으로 치고, 환경권 침해는 참을 만한 것인지 아닌지가 불분명하다"고 판단하였으니 판결이 반대로 나온 것이다.

지더라도 끝까지 간다던 최 회장의 독려로, 항소심을 진행했다. 나는 유현준 교수님께 연락했다. 약속대로 흔쾌히 허락해주어 유 교수를 증인으로 신청하기로 하였다.

항소심 첫 기일.

"도로 건설을 취소해달라는 것 같은데……. 항소심에서 더 주장하거나 입증할 것이 있나요?"

"이 사건은 행정절차의 위법성은 원심에서 모두 인정받

---

2 알기 쉽게 설명으로 보여주는 것을 말한다.

았습니다. 그런데 원심에서 그 위법성의 하자가 치유되었다고 판단한 부분에 대해서는 불복합니다. 사전에 환경성 검토를 하고 주민 의견을 수렴해야 할 것을 법이 정한 시기를 놓치고, 도로 노선이 다 정해지고 난 후에 한 것을 가지고 하자가 치유되었다고 하는 것은 납득하기 어렵습니다. 또한, 비례원칙 위반이 없다는 판단과 관련, 환경권 침해가 수인한도[3]를 넘지 않았다고 판단했는데, 이 사건처럼 마을을 관통하고 지나가는 자동차전용도로의 경우 환경권 침해는 법원에 현저한 사실이라고 할 수 있습니다. 그래도, 굳이 입증해야 한다면 도시 설계와 건축의 전문가인 유현준 교수를 감정증인으로 신청하고자 합니다."

재판장님은 유현준 교수가 이 사건과 어떤 관련이 있는지를 물으면서 증인 신청을 받아들일 이유가 없다는 취지로 말했다.

"이 사건에서 주민의견 수렴절차를 위반했다는 것은 이미 인정되었고, 피고는 이곳 주민들에게 극히 침익적인 이 사건 처분을 하면서 환경이나 도시 설계와 관련하여 한 번도 중립적인 외부 전문가의 의견을 듣거나 반영할 기회를 갖지 않았습니다. 이 법정에서라도 전문가의 의견을 들어 참조할 필요가 있다고 봅니다."

3 환경권의 침해나 공해, 소음이 발생하여 타인에게 피해를 줄 때 그 피해의 정도가 보통 사람이라면 참을 수 있는 한도를 말한다.

재판부는 다소 내키지 않는 듯하였으나, 변론의 기회를 보장해주는 차원이라면서 유현준 교수 증인 신청을 받아주었다.

재판부가 나와 똑같은 눈으로 이 사건을 바라봐 준다면 얼마나 좋을까. 그것은 모든 당사자와 변호인들의 소망일 것이다. 물론, 판사는 공정한 눈으로 사건을 바라봐야 하는 것이 본연의 직무이다.

공정한 눈으로 본다는 것은, 양쪽 당사자의 입장을 반반씩 본다는 뜻이 아니라 양쪽 당사자 입장을 모두 온전히 본 다음에 균형 잡힌 판사의 눈으로 다시 본다는 뜻이다. 이번에도 부디 상대방과 우리 입장을 모두 각자의 눈으로 제대로 본 후에 균형점을 찾아주길 간절히 바랐다.

나는 유현준 교수를 처음 만난 날 주고받은 이야기들을 모두 법정에서 재현해보고 싶었다. 판사들과 피고가 주민들과 유 교수의 눈으로 이 사건을 볼 수 있게 말이다.

증인 신문기일이 잡히자 나는 재판부에 전화해 그날 전자법정[4]을 열어달라고 요청해서 허락을 받았다.

증인신문사항을 준비하면서 받은 세미나 자료 사진들 중, 일산과 보스턴을 비교하는 사진을 포함해 몇 가지 인상적인 사진들을 골랐다. 그리고 계획노선이 마을을 관통해

---

4   전자 디지털 장비들을 활용해서 재판을 진행하는 법정. 시각적인 자료를 활용할 필요가 있는 의료 소송, 도시계획 사건, 특허 소송에서 효과적으로 이용된다.

지나가는 모습이 잘 보이는 항공사진에 대안 노선들도 표시해 새로 만들어 함께 USB 메모리에 담았다.

드디어 이 사건과 관련해 마지막 변론이 될 증인신문기일이 되었다.

주민들과 유현준 교수와 함께 법정에 들어서니 넓은 법정에 재판장과 좌우 배석판사, 법정 직원 등 재판부와 피고 측 사람들, 모두 우리 사건 관련된 사람들뿐이었다.

"유현준 증인, 출석하셨나요?"

유 교수가 법정 증인석으로 나가 알고 있는 사실을 숨김과 보탬이 없이 진술하며 거짓이 있을 경우 위증의 벌을 받겠다고 맹세하는 내용의 선서문을 읽었다.

이윽고, 재판장이 다소 메마른 어투로 말했다.

"오늘 감정증인이라고 하여 유현준 씨를 신문하기로는 하였지만 사실 감정증인이라는 것이 공식적인 명칭은 아니에요. 그냥 증인이라고 해주세요. 전문가라고 해서 감정증인이라고 한 모양인데, 지금 유현준 씨가 이 사건과 관련해 전문적인 감정 의견을 낸 것은 아니니까요. 자, 그럼 이런 점을 고려해서 이 사건과 직접 관련이 없는 것들은 묻지 마시고 되도록 간단하게 신문해서 끝내주세요."

평소에 전혀 시선이 가지 않았던 법정 좌측 벽면에 프로젝션 스크린이 서서히 내려왔다. 나는 법정 사무관에게 USB 메모리를 건네주었다.

　사무관이 컴퓨터를 켜고 몇 번 조작을 한 뒤 나에게 무선 마우스를 건네주었다. 한쪽 벽면을 차지한 커다란 스크린에 먼저 고양시 덕양구의 항공사진이 화면 가득 올라왔다.

　이 사건을 처음 맡았을 때부터 최 회장이 늘 들고 다녔던, 그리고 제1심 준비절차 때 처음 재판장 앞에서 브리핑하듯 보여줬던, 갑제2호증으로 제출된 그 항공사진이었다. 빨간색으로 표시된 계획노선이 고양시 덕양구의 논밭을 가로질러 마을을 관통해 지나가다가 마포구 상암동 어느 4차선 삼거리에 꽂히는 모양이 한눈에 들어왔다. 재판부를 비롯해 모두가 일제히 그 사진을 한동안 쳐다보았다.

　나는 유 교수에게 경력과 현재 지위를 묻는 것을 시작으로 증인신문을 하기 시작했다.

　유 교수는 처음 선서를 할 때에는 다소 긴장한듯 보였지만 곧 평온을 되찾아, 침착하지만 낭랑한 목소리로 차분히 나의 신문에 답해주었다. 내용은, 미리 준비한 대로 처음 내가 유 교수를 건축연구소로 찾아갔을 때 들었던 그대로였다.

　신문 중에 나는 간간이 스크린에 올라온 사진들을 포인터로 지적하여 법정에 있는 사람들이 모두 내가 유 교수와 함께 보았던 그 사진들을 볼 수 있게 했다.

　"증인은 일산이 수변 도시로 발전하는 최대의 걸림돌이 이 제2자유로라고 하셨는데, 꼭 수변 도시로 발전할 것을 염두에 두지 않더라도, 이 사건 도로가 현안대로 관철되는 경우의 폐해에 관하여 좀 더 전문적인 입장에서 설명해주실 수 있으신가요? 지도를 보면서 설명해주시죠."

유 교수는 포인터로 지도를 가리켜 가며 대답했다.

"일단 마을이 단절되어서 마을의 소통 구조에 문제가 생기겠죠. 소음이나 매연이야 자명한 것이고요. 또한, 이곳에는 항공대학교가 있습니다. 고양시의 향후 장기적인 마스터플랜은 고양시를 베드타운이 아닌, 자족 도시로 만들기 위해서 고양시의 경제를 이끌어갈 수 있는 교육과 항공우주산업이 잘 조화된 산학협동의 장으로 발전시켜야 한다는 것인데, 그 경우에는 항공대학교 캠퍼스가 한강으로 확장되는 것은 불가피한 일입니다. 이때에 이 제2자유로는 보스턴의 센트럴 아터리처럼 장애물이 되는 것이죠."

"이 도로가 건설될 경우, 소음이나 매연 등으로 환경이나 삶의 질에 있어 원고들이 최대의 피해자가 될 것으로 보이는데, 전문가인 증인이 보시기에 방음벽을 설치한다든지 마을을 관통하는 부분을 고가로 설치하는 것이 도움이 된다고 보십니까?"

"아니요, 방음벽이나 고가도로는 해결책이 될 수 없습니다. 오히려 경관이나 공간 활용 면에서 추가적인 장애물이 될 뿐이라고 봅니다. 이 도로는 동서 방향으로 지나가게 되어 있는데, 방음벽을 높게 설치할 경우 남쪽의 자연 채광을 차단하는 높은 건물이 길게 들어서는 것과 같은 결과를 가져올 것이고, 고가도로와 방음벽 자체가 한강에서 불어오는 도시 스케일의 자연통풍을 막는 부정적인 역할을 하게 될 것입니다. 또한 소음이라는 것은 선적인 파장으로 음파가 전달되기도 하지만 점적으로도 음파가 전달되기 때문에 담장의 정점 부분에서 또 다른 파장을 일으키게 됩니다. 그래서 결국 소음의 직접적인 파장은 막힌다 하더라도 실제로 방음벽을 통과해서 약간 변형되었을 뿐 크기는 별다르지 않은 소음이 여전히 남아 있게 되는 것입니다."

"법적 용어로는 수인한도를 넘지 않았다고 표현하는데, 증인의 의견으로는 이 계획노선이 마을을 관통함으로써 생기는 이와 같은 환경적 피해가 그곳에 사는 주민들이 참을 수 있는 범위 내라고 보십니까?"

나는 항공사진에서 포인터로 다시 계획노선과 마을 사이의 거리를 지적하며 물었다.

"아니요, 고가도로나 자동차전용도로가 공간적으로 얼마나 유해한지는 이미 서울시 청계천 고가도로 철거의 경우와 서울시가 지금 곳곳에서 추진 중인 입체교차로 제거 프로젝트에서 이미 증명된 사실이라고 생각합니다. 이런 옹벽 같은 전용도로나 고가도로는 마을을 슬럼화시키는 주범이라고 할 수 있습니다."

"……."

신문을 시작한 지 제법 긴 시간이 지나고 있었지만, 처음 경고했던 바와 달리 재판장님은 중간에 신문을 제지하지 않았다. 전자법정으로 진행한 효과도 있었을 것이다. 모두들 스크린에 시선을 고정한 채 질문과 답변에 집중하여 진지한 가운데 신문이 순조롭게 진행되었다.

나는 유현준 교수의 메시지를 전달하기 위해 마지막 질문을 던졌다.

"마지막으로 하나만 더 묻겠습니다. 증인은 이 사건 도로 계획이 지금이라도 변경되어 반드시 지중화되어야 한다고 보시는 것이지요. 가장 절박한 이유는 무엇이라고 정리할 수 있겠습니까?"

"지금 당장 마을 사람들의 피해도 크지만, 향후 미래에 있을 경제적 손실도 적지 않기 때문입니다. 아까 본 보스턴의 고가도로 센트럴 아터리의 경우가 그 좋은 교훈이 될 것입니다. 그리고 추가로 말씀드리자면 이번 기회에 우리나라도 도로 지상주의 국토개발정책 패러다임을 바꾸어야 한다고 생각합니다. 지금까지는 도로는 항상 A지점에서 B지점으로의 이동과 시간 거리를 줄이는 점에만 중점을 두고 개발해왔습니다. 하지만 실제로는 이동하는 사이에 그 도로와 땅이 만나면서 생기는 '이벤트'와 '장소'가 더 중요하다는 사실을 항상 간과해왔던 것입니다. 이번 경우에도 파주와 서울을 연결하는 데만 급급해서 중간에 더 많은 것을 잃고 나중에 후회할 일을 돈과 시간이 모자란다는 이유로 만연히

행하고 있는 것입니다. 지중화하는 데 들어가는 비용은 오랜 시간 동안 앞으로 얻을 경제적 가치나 환경적인 이익에 비하면 투자할 만한 가치가 충분하다고 생각합니다."

처음에 대학생처럼 보였던 유 교수는 어느새 권위 있는 중견 교수의 모습으로 자신의 메시지를 효과적으로 전달하고 있었다. 안경 위로 빛나는 동그랗고 넓은 이마는 그를 동안으로 보이게 하기도 했지만, 명석하고 주관이 뚜렷한 지식인의 이미지를 보여주고 있었다.

상대방 변호사의 반대신문이 있었지만 유 교수는 막힘없이 자신의 의견을 잘 피력했고 특기할 만한 것 없이 무사히 증인신문을 끝냈다.

재판장은 처음보다 누그러진 표정으로 유 교수에게 '지중화'와 관련하여 구체적인 방법과 비용 등 진지하게 몇 가지 질문을 더 하고는 신문절차를 마치며 말했다.

"이것으로 변론을 모두 종결하겠습니다. 마지막으로 대리인들께서 혹시 더 하실 말씀 있으시면 하시죠. 원고대리인부터……."

"네. 원심은 원고가 주장했던 주민 의견수렴절차나 사전환경성검토 시기와 관련하여 절차상 위법에 관하여 모두 위법하다고 하며 그 위법성을 인정하였습니다. 그런데 원심은 위법성을 이유로 처분을 취소하는 데까지 나아가지 않고 사후의 절차 이행으로 그 하자가 치유되었다고 함으로써 취소판결을 회피하였습니다. 이것은 법적이라기보다는 사실적인 이유에서 비롯된 것입니다. 즉, 이미 정부가 건설하기로 했고 파주 신도시의 입주민 등 이해관계인들이 많은 이 도로를 사법부에서 취소하기는 부담스러웠던 것입니다. 하지만 오늘 증인신문에서 드러난 바와 같이 현 시점에서 이해관계에 영향을 주지 않으면서도 주민들의 권리를 침해하지 않고 장기적인 관점에서도 유리한 더 나은 대안이 있습니다. 비례원칙 위반 문제도 마찬가지입니다. 환경권의 침해가 수인한도를 넘지 않는다는 것도 하자가 치유되었다는 것만큼이나 상식에 어긋나는 것입니다. 주민의견 수렴이 사전 조율을 위해 이루어지느냐, 사후 통보식으로 이루어지느냐에 따른 결과는 하늘과 땅 차이입니다. 원고들은 그동안 그릇된 관행을 시정하기 위해 오랫동안 싸워왔으며, 마지막으로 사법부에 호소하고자 소송을 제기하였습니다. 행정처분이 위법하다면, 사법부는 마땅히 그 처분을 취소함으로써 만연해 있는 위법한 관행을 깨뜨려야 할 것이지, 하자가 치유되었다는 등의 논리로 결론을 왜곡하여서는 안 될 것입니다."

나는 그동안 내가 이 사건을 이끌어오면서 느꼈던 점을 솔직히 말하는 것으로 변론을 마쳤다. 그렇게 하지 않으면 주민들보다도 내가 더 한이 맺힐 것 같았다. 그것은 재판의 승패와는 상관없는 문제였다.

후회 없는 실패 그리고 위로

항소심 선고가 있던 날, 최 회장은 전화로 패소하였다는 결과를 알려주었다. 나는 자문 회사에 가느라 택시 안에서 책을 읽고 있던 중이었다. '그렇구나' 실망하긴 했지만 놀랄 일은 아니었다. 잠시 멍한 채 한강을 바라보고 있는데 문자가 왔다. 유현준 교수였다. "선고 결과는요?" 자문 회사에 도착해 내 자리에 앉자마자 나는 유 교수에게 메일을 쓰기 시작했다.

　지금쯤 이미 눈치채셨겠지만, 패소했어요.
　다들 허탈해서 분위기가 그렇죠. 저 역시 선고를
　직접 듣지는 못해 선고를 들으러 갔던 분들이 점심
　이 지나도록 소식이 없길래 짐작하다가, 방금 최
　회장님과 통화했어요.
　이것으로 사건은 종결되었습니다. 아, 패소했나
　보다 하고 짐작하던 순간 저는 택시 안에서 우연히
　도 이런 글을 읽고 있었어요.

　"소설을 쓸 때 언제나 제 마음속에 담아두고 있는
　것이 있습니다. 종이에 써서 벽에 붙여야겠다고는
　생각해보지 않았지만, 제 마음속에 새겨져 있는

것입니다. 그것은 이런 것입니다.

'높고 단단한 벽이 있고, 거기에 부딪쳐 깨지는 계란이 있다고 한다면 나는 언제나 계란의 편에 서겠다.' [……] 우리는 많든 적든 간에, 계란인 것입니다. 우리는 각자 부서지기 쉬운 껍질 속에 개성적이고 둘도 없이 소중한 마음을 가지고 있습니다. 저도 그렇고, 여러분도 마찬가지입니다. 그리고 우리는 모두 정도의 차이는 있겠지만 높고 견고한 벽에 직면해 있습니다. 그 벽의 이름은 '시스템'입니다. 시스템은 때로 우리를 지켜주기도 하지만 때로는 자가증식하여 우리를 죽이고 또한 우리로 하여금 다른 사람들을 냉혹하고도 효과적으로, 조직적으로 살해하게 만듭니다…… 국적과 인종과 종교를 넘어서서 우리는 하나의 인간이며 개개의 존재입니다. 시스템이라는 견고한 벽에 직면한 깨지기 쉬운 계란입니다. 아무리 봐도 우리가 이길 가망은 없습니다. 벽은 높고 견고하며 차갑습니다. 만일 승리의 희망이 있다면 그것은 오직 우리 자신이나 다른 이들의 독자성과 둘도 없는 소중함을, 더 나아가 서로의 영혼을 만남으로써 얻는 따뜻한 온기를 믿는 데서 시작되지 않을까요."

　—무라카미 하루키, '2009년도 예루살렘상 수상 소감'

어쩌면 패소하는 것이 운명이었는지도 모르겠습
니다.

도와주신 교수님과 승리의 축하연을 같이 나누며
유쾌한 뒷풀이를 하지 못해서 아쉽지만, 그래도
여전히 감사드리고 싶습니다. 기꺼이 함께 계란이
되어주셨으니까요. 함께 그 높고 견고하고 차가운
벽에 부딪혀본 경험이 어쩌면 승리의 축하연보다
더 은혜일 수 있지 않을까, 한번 생각해봅니다.

항소심 판결문이 도착하자 최 회장님은 상고해야 하지 않
겠느냐며 연락이 왔다. 나는 상고심은 법률심이라 더 할 것
이 없노라고, 기대할 것이 없다고 말씀드렸다. 최 회장님은
그래도 만일 주민들의 뜻이 상고하고 싶다고 하면 상고심을
맡아달라고 하셨다. 나는 마지못해 그러면 주민 대표와 한
번 통화해보고 결정하겠다고 하였다. 말은 그렇게 했지만
이미 마음속으로 상고심을 맡지 않기로 결정하고 있었다.
조 대표에게 전화를 걸었다. 상고 접수를 하려면 오늘내일
중으로 해야 한다고 말을 꺼냈더니 조 대표도 역시 하지 않
겠다고 했다. 나도 진이 다 빠졌는데 주민들은 오죽하랴 싶
었다.

"그래요. 저도 상고 권하고 싶지 않아요. 그동안 너무 마음
고생 많으셨죠?"

나는 뭐라 위로할 말을 찾지 못하고 잠시 있었다. 그랬더니 조 대표가 오히려 나를 위로하며 이렇게 말하는 것이었다.

"변호사님, 변호사님이야말로 너무 고생 많으셨어요. 너무 실망하지 마시고요. 사실 저희는 1심에서 패소했을 때 이미 희망이 없다고 생각했어요. 그래서 항소심도 기대하지 않았고요. 항소심에서도 변호사님이 너무 애써주셔서 희망이 다시 솟기도 했지만 결국 이렇게 되었잖아요. 그런데요. 저희는 후회 안 해요. 왜냐하면 결과는 이렇지만 재판하면서 우리는 많은 위로를 받았습니다. 변호사님이 재판을 너무 잘해주셔서 저희들 재판하면서 정말 신이 났어요. 그동안 당했던 설움을 다 보상받았습니다. 저희는 그것을 큰 위안으로 삼고 있어요. 그놈들이 우리가 그렇게 호소해도 잘난 척만 하고 우리를 무시하더니만, 재판에서 질까 봐 쩔쩔매고 변호사도 바꿔가면서 말이에요. 우리는 변호사님 한 분 믿고 끝까지 갔는데……. 변호사님, 너무 열심히 해주셔서 저희가 오히려 죄송해요……."

"……."

"변호사님, 건강하십시오. 건강하게 지내시다가 언젠가 또 인연이 되면 뵐 날이 있겠지요."

나는 가슴이 먹먹해져서 아무 말도 할 수 없었다.

10년 후 두 번째 효력정지

2018년 겨울 어느 날 오전, 나는 사무실에 출근해 내 방 책상에 놓인 그날의 신문을 집어 들며 의자에 앉았다. 오후에 재판이 있었지만 이미 준비서면은 다 제출되어 있어 여유가 있었다. 헤드라인을 획획 훑어가다가 관심이 머무는 곳에 따라 자유롭게 읽으며 모처럼 세상 돌아가는 이야기에 귀 기울이던 중이었다. 마침 직원이 따뜻한 커피 한 잔을 책상에 놓아주고 갔다. 한 손으로 커피 잔을 쥐고 눈으로는 신문의 활자를 쫓으며 잔을 입으로 가져가 한 모금 마시려던 순간 커피를 뿜을 뻔했다.

"제2자유로 연장 파주-문산 구간 도로공사 중 구석기 유물 8천여 점 대거 출토로 중단."

나는 커피를 내려놓고 다시 집중해서 자세히 읽기 시작했다.

> 경기 고양시의 한 고속도로 공사 현장에서 구석기 유물이 대량으로 발견됐다. 4일 고양시에 따르면 지난해 9월 덕양구 도내동 일대 서울~문산 고속도로 행신IC 건설을 위한 지표 조사 과정에서 4만 년 이상 된 것으로 추정되는 구석기 유물 8천여 점이 발굴됐다.

유물은 돌을 깨 만든 돌도끼와 주먹도끼 등으로 발굴된 지역도 2200m²에 이르는 등 고루 분포되어 있었다. 또한 발굴 작업이 계속 진행 중이어서 유물을 모두 발굴할 경우 1만 점이 넘을 것으로 예상되고 있다. 고양시에서는 지난 2007년에도 일산서구 탄현동의 아파트 공사 현장에서 구석기가 발견됐지만 중기 구석기 유물이 이처럼 한 곳에서 대량으로 발견되는 경우는 고고학계에서도 드문 것으로 전해지고 있다. 현재 유물이 발견된 현장은 포장을 덮어 보존 중이며 유물은 공사장 내 컨테이너에 보관 중인 것으로 알려졌다. 고양시는 문화재청 발굴 결과를 지켜본 뒤 현장을 계속해서 보존할지 여부를 판단하기로 했다.

"4만 년 전의 주먹도끼 8천 점이라니! 석기 제조 공장이라도 있었던 모양이네."

나는 내친김에 인터넷으로 관련 뉴스들을 다 찾아보았다. 문화유산연구원에서도 석기 대량 제조 공장이 있었던 것으로 짐작하고 있었다.

"한반도 최대 구석기 제조 공장, 고양에서 발견."

서울 문산 고속도로 주식회사는 지난해 도내동 구
간 도로공사를 위해 지표 조사를 벌이던 중 구석기
시대 뗀석기를 발견했다. 이에 겨레문화유산연구
원은 문화재청의 허가를 받아 지난해 9월 6일부터
12월 12일까지 도내동 787번지 일대(4500m²)에
대해 1차 발굴 조사를 벌이고 8일 현장에서 발굴
결과에 대한 설명회를 개최했다.

연구원은 이번 발굴을 통해 하나의 구석기 문화층
(단일층)이 확인됐으며 현재까지 8천여 점 가량의
유물을 수습했다고 밝혔다. 유물의 종류는 몸돌,
격지 등 석기 제작과 관련된 유물이 많았으며 이
중 길게 떼어진 형태의 격지류가 확인됐고 잔손질
석기들도 함께 출토됐다.

고양시 관계자는 "이번처럼 많은 수의 유물과 유
적이 이처럼 동시에 발견된 것은 세계적으로도 드
문 사례로 꼽히며, 국내에서는 최초"라고 밝혔다.

연구원은 유적 훼손을 우려해 동절기에 중단됐던
발굴 조사를 설 연휴가 끝난 후 재개할 방침이다.

최성 고양시장도 이날 설명회에서 별도의 입장문
을 통해 "유적과 유물의 보존을 위해 문화재청 등
정부 기관과 긴밀히 협의해나가겠다"고 밝혔다.

한편 고양시에서는 '고양 도내동 유적' 외에도 일

산 대화동 일대의 '고양 가와지 유적'(구석기 5백여
점), '고양 덕이동 유적'(251점), '고양 탄현동 유
적'(515점) 등지에서 다수의 선사 시대의 유적과
유물이 발견됐다.

고양시 관계자는 "이번 도내동 유적지의 성과가
더해진다면 한강 유역의 구석기 문화를 폭넓게 이
해하는 데 중요한 자료가 될 것"이라고 전했다.

그날 관련 기사들을 찾아 읽으며 나도 모르게 계속 웃음
이 나오는 걸 어쩔 수가 없었다.

제2자유로 도로구역결정 취소소송이 끝난 지 10년이 지난
시점이었다. 그동안 제2자유로 어느 일부 구간이 개통되었
다거나 전 구간이 개통되어 경기도 서북부 신도시 주민들의
숙원 사업이 이루어졌다거나 하는 기사를 접할 수 있었다.

어느 때는 우리가 항소심에서 주장했던 도로의 지중화와
비슷한 이야기를 기사에서 본 적도 있었다. H건설은 자유
로IC를 포함하는 도로공사를 수주하면서 김포에서 파주로
들어오는 제2순환도로가 한강을 통과할 때 교량으로 연결
하지 않고 하저터널 공사로 변경해서 지상의 IC를 설치하
지 않아도 되는 설계안을 내어 채택되었다.

덕분에 지상 강변은 시민공원으로 조성할 수 있게 되었
다. 하지만 이것은 제2순환도로가 자유로를 패스하는 꼴이

되어 자유로를 이용하는 파주 시민들의 반발을 불러왔고, 결국은 실시설계 단계에서 파주시장과 도로공사 사장의 면담으로 설계 변경을 논의하기에 이르렀다. 몇만의 파주 시민들이 그 문제로 청원과 시위를 반복하고 있었다.

그런 기사들을 볼 때마다 늘 그 고양시 덕양구의 주민들이 떠올랐고, 가슴이 먹먹한 느낌도 같이 되살아났다. 그런데 그날은 조금 달랐다.

"처음이에요. 우리가 주공의 손을 멈추게 하다니! 변호사님 이제 승소 가능성은 80퍼센트쯤 된 것 아닌가요?"

선고기일이 연기되면서 효력정지 처분이 나던 날, 신이 나서 잔뜩 들떠 있던 주민 대표의 목소리가 들려왔다. 조상들이 대대로 농사짓고 살았던 땅을 떠나지 못하고 있는 것이라던 처음 만났던 날의 기억도 떠올랐다. 다시 기사를 들여다보았다. 도로공사를 위해 지표 조사를 하다가 뗀석기를 발견하면서 공사는 3개월째 중단되고 있었다.

문득 4만 년 전에 주먹도끼를 손에 쥔 구석기인들이 한강 둔치와 야산에서 나무뿌리를 캐고 앉아 왁자지껄 떠드는 모습이 눈앞에 그려졌다. 그들을 발견하고 황망해하는 도로 건설업자들의 얼굴이 겹쳐지면서 또 웃음이 나왔다. 4만 년 전의 그들이 두 번째로 도로구역결정 효력정지 처분을 받아낸 것이다. 나 역시 주민들처럼 그들 덕분에 많은 위로를 받았는지도 모르겠다.

" 선고기일까지 연기해가며 고민했지만,
이 판사는 도저히 유죄의 심증을 가지고
무죄로 판결문을 쓸 수는 없었다.
그래서 일단 유죄를 피해갈 수는 없다는
결론을 내렸다. "

8장

명판과 오판 사이

어느 젊은 판사의 고뇌 1

금상첨화 이 판사

한때 사법연수원생들 사이에 법조계에는 골품제도가 있다는 말이 떠돌았다. 출신 대학, 재학 중 합격 여부, 사법시험 성적, 연수원 성적, 이 네 가지 항목에서 모두 상위 그룹인 경우 성골, 한 항목이 처지면 진골, 두 항목이 처지면 6두품, 세 항목이 처지면 잔반殘班, 네 항목이 다 처지는 경우는 평민이라는 것이다.

성골은 학벌, 성적이 모두 최상급으로 연수원 졸업과 동시에 군법무관으로 3년을 복무한 뒤 20대에 판사가 되어 서울중앙지방법원에 발령받는다. 이후 주로 경판을 하다가 부장판사, 고등부장, 법원장을 거쳐 대법관이 되는 코스를 밟으며 법조계에서는 가장 촉망받는 기대주가 될 확률이 가장 높은 것이다.

연수원 1년차를 지나면 성골들이 드러나기 시작한다. 성

골들 중에서 인품까지 뛰어난 경우 교수님들은 이를 '금상
첨화'라고 하며 총애를 아끼지 않는다.

물론 간혹 재능이 뛰어난 이런 성골이나 진골들 중에는
거만하거나 교양이 없는 경우도 있다. 이런 경우 '재승덕'이
라 하며 아까워하고 심한 경우는 '무용지물'이라 하여 환영
을 받지 못했다. 그런데 가끔 평민들 중에 인품만큼은 성골
인 이들이 있어 교수님과 연수원생들의 사랑을 받는 경우도
있는데 이런 경우는 '천만다행'이라 하였으며, 가장 안타까
운 경우로 평민이 인품까지 부족할 때는 '설상가상'이라 하
였다. 성골들은 공부도 잘했지만 대부분 일도 잘한다. 판사
가 되어서도 판단이 빠르고 합리적이어서 재판 진행도 순조
롭고 판결도 명쾌하다.

모 지방법원 형사 항소부 배석 이 판사도 성골이자 금상
첨화에 속했다. 이 판사는 성골답게 사건에 관해서는 거의
명쾌하고 합리적인 결론을 내놓았다. 이 판사에게는 판사
일이 몸에 딱 맞는 옷처럼 편안하게 잘 맞아서 일로 인해 심
하게 고민하거나 스트레스 받는 일이 거의 없었다. 이런 이
판사가 최근 선고기일까지 연기하고 잠을 설쳐가며 제대로
고민한 사건이 있었으니, 제1심에서 무죄판결이 나는 바람
에 검찰이 항소한 간통 사건이었다.

케이스 문제 같은 간통 사건

사건의 전모는 이렇다. 박순애는 결혼 10년차에 두 딸을 둔 공무원이다. 남편과 치열한 연애 끝에 결혼했으나 성격 차이로 결혼 생활은 원만하지 못했다. 결혼 6년차에 접어들면서부터 남편이 먼저 이혼 이야기를 꺼냈고, 박 씨는 아이들은 자기가 키우겠다며 같이 살던 집을 재산 분할 및 위자료로 요구했다. 남편은 같이 살던 집은 아버지 것이라 줄 수 없고 이혼 서류만 갖고 오면 도장은 찍어주겠다고 하면서 재산을 가져가고 싶으면 소송해서 가져가라며 을러대었다. 그런 상황에서 아이들 때문에 무 자르듯 헤어지지는 못하고 그렇다고 정상적인 결혼 생활이라 할 수 없는 나날들이 어영부영 3년이 흘렀다.

그 사이 박 씨에게는 애인이 생겼다. 더 이상 결혼 생활을 참을 수 없었던 박 씨는 소송을 결심하고 우선 남편 명의의 집에 처분금지가처분 신청을 해 가처분 결정을 받았다. 이즈음, 아내의 외도를 의심한 남편은 박 씨가 근무하던 직장 앞에 가서 미행하다가 박 씨가 애인과 함께 모텔에 들어갔다가 세 시간 만에 나오는 것을 목격하였다.

분노에 사로잡힌 남편은 이틀 뒤 다시 박 씨를 미행해 아내가 애인과 함께 같은 모텔에 들어가는 것을 확인하고는 그 즉시 누나 등 가족을 부르고 112에 신고했다. 그리고 몇

분 후, 경찰관이 모텔에 도착하자 남편과 가족들은 경찰관을 앞세우고 모텔 객실에 들이닥쳐 현장을 잡았다.

남편이 가족, 경찰관과 함께 객실에 들어갔을 때는 박 씨와 애인이 모텔에 들어간 지 1시간 20분이 지난 뒤였으며, 두 사람은 옷을 모두 벗은 채 이불을 덮고 침대에 누워 있다가 사람들이 들이닥치자 놀라서 비명을 질렀다. 경찰관이 누워 있던 남자에게 간통 사실에 대해 묻자 처음에는 부인하였으나 경찰관이 화장실에 있던 흰 수건을 가리키며 추궁하자 아무 말도 하지 못했다. 남자는 현행범으로 체포되어 경찰서까지 순순히 동행하여 간통 사실을 시인하는 내용의 자필 진술서를 작성하고 귀가하였다. 그러나 이후 수사가 진행되고 재판이 시작되자 박 씨와 애인은 간통 사실 자체를 완강히 부인하기 시작했다.

"아니, 이 자필 진술서는 피고인이 쓴 것이 아닙니까?"

"맞습니다. 그렇지만 그 자필 진술서를 쓴 이유는 다음 날 직장에 출근해야 되는데, 경찰관 말이 경찰서에서 쓰는 자필 진술서는 아무것도 아니라면서 여기서 이거 쓴다고 어떻게 되는 거 아니고, 쓰기 전까지는 집에 보내줄 수 없다는 겁니다. 그래서 버티다가 잠도 오고 출근도 걱정되고 해서 그냥 써 준 거예요."

한편 남편은 처음 미행했던 날, 아내와 그 애인이 모텔에 들어가는 것을 목격하고 곧 경찰서에 가서 경찰관에게 동행해줄 것을 요청하였는데, 당시 경찰관은 이혼소장을 접수해야만 출동할 수 있다고 하였으므로 급히 이혼소장과 고소장을 접수하였다. 이틀 뒤 경찰관과 함께 출동하여 현장을 급습하고 현행범으로 체포한 후 경찰관이 남편에게서 고소보충서를 받으려고 하자 오히려 남편은 마지막으로 박 씨와 이야기해보고 고소장을 접수할 것인지를 결정하겠다고 하면서 고소장을 돌려받았다. 그런데 며칠 뒤 남편은 박 씨와 아이들과 함께 있는 자리에서 무릎까지 꿇고 모두 잊고 새로 시작하자면서 박 씨를 설득하였으나, 마음을 돌리지 못하자 결국 다시 고소장을 접수하였다.

이 사건은 간통 사건의 전형적인 케이스이자 법대생들의 스터디나 시험문제로 더 이상 좋을 수 없는 케이스다. 왜냐하면 간통과 관련된 거의 모든 법조문의 적용과 해석에서 문제되는 부분이 다 들어 있기 때문이다. 즉 변호인의 입장에서 이 사건을 본다면, 피고인들을 처벌받지 않게 하기 위해 크게 네 가지를 주장할 수 있다.

첫째, 간통의 종용이 있었으므로 고소할 수 없다.
(형법 제241조 제2항)
둘째, 간통의 유서가 있었으므로 고소할 수 없다.
(형법 제241조 제2항)
셋째, 고소의 취소 후 재고소 금지에 반한다.

(형사소송법 제232조 제2항)

넷째, 간통 행위를 입증할 증거가 없어 무죄다.

(형사소송법 제307조)

　　그리고 실제로 제1심에서 변호인은 위 네 가지를 주장했고 제1심 판사는 네 가지 주장에 관하여 케이스 문제를 풀듯이 하나하나 판단하여 다음과 같이 판결을 내렸다.

　　첫째, 간통의 종용에 관하여는, 우선 간통의 종용이란 것은 부부가 더 이상 혼인 관계를 지속할 의사가 없고, 이혼 의사의 합치가 있는 경우에는 비록 법률적으로 혼인 관계가 존재하고 있다 하더라도 간통에 대한 사전 동의인 '종용'이 그 합의 속에 포함되어 있는 것으로 보는 것이다. 이 사건의 경우 남편이 이혼소송을 제기하였고, 박 씨도 이혼 의사가 있다 하더라도, 이는 남편이 혼인 관계 파탄의 책임이 박 씨에게 있음을 인정함을 조건부로 이혼의 의사를 표명한 것이다. 하여 서로 다른 이성과의 정교 관계가 있어도 묵인한다는 의사가 포함된 이혼 의사의 합치가 있다고 보기는 어렵다 할 것이므로, 간통의 종용이 있다고 볼 수 없다.

　　둘째, 간통의 유서에 관하여는―간통의 유서란, 부부 일방이 상대방의 간통 사실을 알면서도 혼인 관계를 지속시킬 의사로 악감정을 포기하고 상대방에게 그 행위에 대한 책임을 묻지 않겠다는 뜻, 즉 완전히 용서하는 뜻을 명백하게 표시하는 것이다—이 사건의 경우, 경찰서에서 고소장을 되돌려 받을 때, 경찰서 당직 사건처리부에는 간단하게 "1회 성교, 임의동행, 고소인 처벌불원하여 귀가 조치"라고 되어 있지만, 실제로 남편은 "부인과 이야기해보고 고소장을 접수할 것인지 결정해보겠다"고 한 것인데, 이 역시 조건 없이 명백하게 상대방의 행위에 대해 묻지 않겠다는 뜻을 표현한 것이라 볼 수는 없다.

셋째, 고소취소 후 재고소 금지에 반한다는 주장에 대해서도 남편이 고소장을 다시 돌려받은 것이 조건부로 돌려받은 것이어서 완전히 취소한 것이라 볼 수 없다.

그런데, 넷째, 간통 행위가 있었는지의 점에 관한 제1심의 판단은 좀 독특했다.

간통죄는 그 행위의 성질상 이에 대한 직접적인 물증이나 증인의 존재를 기대하기가 극히 어려우므로, 범행 전후 정황에 관한 제반 간접증거들을 종합하여 경험칙상 범행이 있었다는 것을 인정할 수 있을 때에 비로소 이를 유죄로 인정할 수 있다.

그런데 이 사건의 경우, 남편과 경찰관 등이 객실에 들어갔을 때, 피고인들이 완전히 벗은 상태인 것은 보았으나 실제 성행위 장면은 목격하지 못했고, 흰 수건이 있었다고는 하나, 흰 수건이 증거물로 제출되어 있지 않고, 1시간 20분 후에 모텔 객실에 들어갔더니 옷을 벗은 상태였다는 사정만으로는 그 당시 간통하였다거나, 적어도 간통 행위를 한 직후라고 인정할 만한 정황이 부족하여 간통 범행 전후의 제반 사정이 충분히 입증되었다고 보기 어렵다.

따라서 결론은 범죄의 증명이 없는 경우에 해당하므로 무죄이다.

피고인을 구제하라

제1심 판결문을 읽어본 이 판사는 어리둥절했다. 간통의 종용, 유서나 재고소 금지 위반 여부에 대한 제1심의 판단에 대해서는 충분히 수긍이 갔고 이 판사도 같은 의견이었다. 그런데 사건의 범행 전후 정황에 관한 제반 간접증거들을 종합해볼 때 경험칙상 간통 행위가 있었다는 증명이 없는 경우에 해당하여 무죄라니……. 그 부분에 대해서는 아무리 생각해도 코미디 같았다.

오히려 간통 사건의 성질상 간접증거나 정황증거로 판단할 수밖에 없는 경우가 많고, 이 사건의 경우는 피고인들이 모텔에 머문 시간이나 적발된 당시의 모습, 객실 및 경찰서에서 취한 태도, 불과 이틀 전에도 같은 모텔에 갔던 점 등을 종합해보면 경험칙상 누가 보더라도 성행위를 하였음을 인정할 수 있다고 보는 것이 합리적이지 않은가.

합의부 부장판사와 다른 배석도 이 판사와 의견이 같았다. 다들 경험칙상 오히려 유죄라는 심증을 갖고 있었다. 하지만 유죄라는 점에는 다들 동의하면서 막상 제1심을 뒤집어 유죄판결문을 쓰는 데 대해서는 썩 내키지 않아 했다. 공무원이고 이혼녀로서 혼자서 두 딸을 키워야 할 박 씨에게 간통죄 유죄판결의 의미가 어떤 것인지를 누구보다 잘 아는 판사들은 박 씨가 불쌍했던 것이다.

"무죄라 하자니 양심에 반하고 유죄라 하자니 피고인의 처지가 너무 안됐군요."

부장판사와 다른 배석은 주심인 이 판사가 이 곤란한 사건의 판결문을 쓰게 된 것을 다행으로 생각했을 것이다. 선고기일을 앞두고 세 판사의 합의 결과는 역시 유죄였다. 이 판사는 합의 결과대로 검찰의 항소를 받아들여 무죄의 원심판결을 파기하고 두 사람에게 유죄판결을 선고하면 되는 것이었다. 그러나 이 판사는 선고기일 전날까지 마음을 정하지 못하고 있었다.

공무원은 징역형 이상을 선고받는 경우 공무원 지위를 더 이상 유지할 수 없다. 또한 간통죄 유죄를 인정받는 이상 이혼소송에서 박 씨는 패소할 뿐 아니라, 위자료를 받기는커녕 남편에게 위자료를 주어야 한다. 게다가 경제적 생활 기반과 사회적 지위를 모두 잃게 된 상태에서 혼자 두 딸을 키워야 하는 것이다. 그래서 제1심 판사도 무죄판결을 내린 것일까?

하지만 헌법상 법관은 법률과 양심에 따라 판단하여야 하는데 양심은 법관이라는 직무상의 객관적인 양심이지 개인적인 도덕심이나 가치관에 따라 달라지는 주관적인 양심이 아니다. 또한 법관의 양심과 동정심은 구분되어야 한다.

선고 당일, 이 판사는 결국 선고기일을 2주 연기하고 말았다. 이 판사에게 있어 선고기일 연기라는 것은 처음 있는 일이었다. 요즘은 많이 느슨해졌지만, 몇 년 전까지만 해도 판사들은 선고기일을 자신의 명예처럼 칼같이 지키는 것을 원칙으로 삼아왔다. 선고기일을 연기하는 것은 자신의 게으름이나 무능력 때문에 당사자나 피고인들을 절차에 묶어 두는 것이라고 여겨 자존심을 걸고 엄수하려 했던 것이다.

재판은 공정하기만 하다면 빠를수록 좋고, 판사로서는 빨리 당사자들을 재판에서 해방시켜 주는 것이 큰 미덕 중 하나다. 그런 의미에서 신중한 것만큼이나 신속한 판단이 판사에게는 중요한 자질이다. 금상첨화답게 이 판사는 본능적으로 선고연기를 싫어했던 것이다. 선고를 연기하면서 이 판사는 그것 자체만으로도 가슴이 쓰라렸다. 이 판사는 그것을 보상하기 위해서라도 필사적으로 만족스러운 결론을 찾으리라 마음먹었다.

다시 2주가 지나고 선고 당일, 재판장이 피고인들에게 이 판사가 낸 결론을 가지고 선고를 했다.

"피고인 박순애, 피고인 김○○."

이 판사는 피고인 박 씨를 똑바로 볼 수 없었다. 재판장은 인정신문[1]을 한 뒤 판결 선고문을 천천히 읽어 내려갔다.

"피고인 박순애를 징역 10개월에 처한다. [……] 형의 집행을 2년간 유예한다."

이 판사는 순간 박 씨의 얼굴에 덮친 절망감을 보고야 말았다. 선고기일까지 연기해가며 고민했지만, 이 판사는 도저히 유죄의 심증을 가지고 무죄로 판결문을 쓸 수는 없었다. 그래서 일단 유죄를 피해갈 수는 없다는 결론을 내렸다. 이 판사는 거기서 그치지는 않았다. 공무원 임용과 관련된 법률, 징계에 관한 규정들을 샅샅이 뒤져서 박 씨가 공무원 직위를 유지할 수 있는 최소한의 처분을 찾으려 했다. 그러나 간통죄는 벌금형이 없고, 공무원 직위를 유지하기 위해서 집행유예로 판결이 나더라도 징역형을 받지 않도록 하는 것은 재판의 판결 기준으로 삼는 것이지, 재판으로 바꾸지는 못하는 것이 바로 '법'이었다. 다시 선고기일이 다가오건만 뾰족한 해답을 찾지 못한 이 판사는 자신은 구세주가 아니고 일개 판사일 뿐이라고 스스로 위로하며 한발 물러섰다. '그래, 내가 알 수 없는 그녀의 행운이 따로 있기를!' 그러고 나니 마음이 한결 가벼워지면서 심증대로 유죄판결문을 썼고, 선고기일을 맞았던 것이다.

---

1 법정에 출석한 피고인이 본인인지 확인하기 위해 재판장이 성명, 연령 등을 묻는 일을 말한다.

256

그러나 피고인 박 씨를 눈앞에 두고 선고문이 낭독되는 것을 듣는 순간, 이 판사는 박 씨보다도 더 절망하고 있었다. 이 판사는 재판을 멈추고 싶었다. 박 씨는 힘없이 고개를 떨구며 순간 비틀거렸다. 그 모습은 이 판사의 눈에 파고 들어와 가슴을 저며왔다. '이 재판은 무효라구요, 무효! 나에게 일주일만 더 주세요. 제발!' 이렇게 속으로 절규하는 사람은 판결을 받은 박 씨가 아니라 판결을 내린 이 판사였다. 이미 선고는 끝나고 이제 재판장의 진행으로 다른 사건들에 대한 심리가 진행되고 있었다. 이 판사는 법대에 앉아 무언가에 한방 얻어맞은 듯 하얗게 질린 채 들릴락 말락한 소리로 혼자 중얼거렸다. '위헌법률제청결정을 할 수 있었는데, 일주일이면 쓸 수 있는데, 아니 이틀, 아니 하루만에도 쓸 수 있는데…….'

박 씨와 그 상간자인 김 씨는 모두 이 판사의 판결에 불복하여 대법원에 상고했다. 이 판사는 박 씨를 구해주지 못한 것이 두고두고 아쉬웠으나 상고심에서 판결이 파기될 것 같지는 않았다. 그런데 이 판사가 기원했던 대로 그녀에게는 다른 행운이 있었다. 어느 다른 간통 사건에서 판사가 간통죄 조항에 대해 위헌법률제청결정을 내려 헌법재판을 받게 된 것이다. 바로 이 판사도 할 수 있었는데, 2주일 동안 그렇게도 생각이 떠오르지 않아 하지 못했던 것을 그 판사님이 하신 것이다.

서울북부지방법원 도진기 판사. 도진기 판사가 맡았던 사건의 피고인들은 유죄판결 대신 위헌법률심판제청결정[2]을 받음으로써 헌법재판소가 위헌 여부를 가릴 때까지는 당분간 선고가 유예되는 효과를 받았다. 만일 이 판사도 위헌법률심판제청결정을 했더라면 마찬가지로 선고유예 효과를 받아 박 씨는 적어도 그때까지는 직위를 유지할 수 있었을 것이다. 그리고 간통죄 조항이 위헌 판결을 받는다면, 영원히 구제받을 수도 있었다. 다행히 박 씨가 상고를 해서 원심 판결이 확정되지 않았고 그 사이 다른 판사가 간통죄 조항에 대해 위헌심판제청을 했으니 이제 박 씨도 구제될 가능성이 생긴 것이다. 어쩌면 박 씨보다도 이 판사가 더 큰 구제를 받는 것인지도 몰랐다. 이 판사는 덕분에 마음의 빚을 덜어내는 느낌이었다.

이 판사는 도진기 판사의 위헌법률심판제청결정문을 읽어보았다. 거의 헌법재판 결정문으로 쓸 수 있을 정도로 깔끔하고 논리적으로 잘 정돈된 글이었다. '그래, 언젠가 누군가는 할 일이었어.' 이 판사는 박 씨보다도 더 절망했던 선고 당일을 떠올리며 가능성을 열어준 도진기 판사에게 마음으로나마 고마움을 표했다.

2   재판 중에 어떤 법률이나 법 조항이 헌법에 위반된다는 내용의 헌법재판을 해달라고 법원이 헌법재판소에 제청하는 결정이다.

" 내 삶이 관념 덩어리가 아니라
살과 핏덩이로 이루어져 있으며,
평면이 아니라 입체라는 것을 느끼게 되었다.
삶은 추상적인 철학이나 이론과는 결별하고
사람들 사이에서 부대끼게 되며
그것이 더 익숙하고 자연스러운 일이 된다. "

9장

판사의 방

어느 젊은 판사의 고뇌 2

간통죄를 심판대에 올린 도 판사

"언젠가 누군가는 할 일이었던 것 같아요."

나는 도진기 판사가 간통죄 위헌심판제청신청을 했다는 소식을 이 판사로부터 처음 들었다. '도진기 선배!' 나는 지난호 법률신문을 뒤져 도 판사님이 쓰신 위헌제청결정문을 찾아 여러 번 꼼꼼히 읽어보았다. 문장이 간결하고 논리적이면서, 단락마다 여러 논거들이 빼곡히 압축되어 있었다. 제법 긴 기간을 두고 고민해온 흔적이 보였다.

도 판사님께 전화를 건 날은 법원 인사이동을 불과 며칠 앞둔 날이었다. 일에 바빠서 도 판사님을 만나는 일을 뒤로 미루고 있었다. 그러다, 법원 인사이동이 얼마 남지 않았다는 것을 깨닫고 급히 전화를 걸었다. 지금은 서울에 계시지만 인사이동으로 지방에 가시게 되면 만나기가 어려워질 것 같았기 때문이었다.

"안녕하세요, 도 판사님. 신주영 변호사입니다. 혹시 저 기억하시겠어요?"

나는 전화를 걸면서 속으로 쿡쿡 웃고 있었다. 전화 저편에서도 소리 없는 웃음이 짐작되었다.

"그럼요. 웬일이십니까? 이게 얼마만입니까?"

"거의 15년 만인가요?"

잠시 동안 우리는 짧게 근황을 주고받았다. 도 판사님은 대학 3년 선배였다. 그러나 도 판사님을 알게 된 것은 선배이기 때문은 아니었다.

"사건 때문에 전화한 것은 아닙니다."

"아, 그런가요. 그렇다면 일단 긴장을 풀고 듣겠습니다."

나는 도 판사님이 쓰신 간통죄 위헌제청결정문을 읽고 감동했노라고 고백한 후, 그와 관련해서 만나뵙고 싶다고 말했다. 도 판사님은 흔쾌히 응해주셨다.

"고맙습니다. 참, 그런데 이번에 혹시 옮기시는가요? 제가 일이 바빠서 미루다가 법원 인사이동이 얼마 안 남았기에, 지방 내려가실까 봐 급히 전화한 거예요."

"아닙니다. 제가 이번에 옮기더라도 서울고등에 갈 차례였어요. 그런데 1지망으로 스테이[1] 신청했어요."

"아니 왜요? 북부가 고등보다 더 좋은가요?"

도 판사님은 서울북부지방법원에서 만 2년을 근무했다.

---

1 근무 부서를 옮기지 않는 것을 말한다.

그리고 이번에 서울고등법원에 배석판사로 갈 수 있었다. 객관적으로는 북부지법이 고등법원보다 더 좋을 이유는 없었기에 다소 의외였다.

"그게 말이에요……. 제가 지금 쓰고 있는 방이 너무 좋아서 포기하기가 아까워서요."

"예?"

판사의 방. 판사의 방은 지방법원청사 바깥에서 보더라도 짐작할 수 있듯이, 결코 호사스럽거나 쾌적하지 않다. 특히 서울북부지방법원청사는 건물이 오래되어 서울고등법원보다 좋을 리 없었다. 그런데도 도 판사가 자기 방이 너무 좋다는 이유는 다른 데 있었다. 원래 도 판사님 방은 2인실이었다. 그런데 어떤 사정으로 혼자서 방을 쓰게 되었는데, 그게 그렇게 좋은 줄 혼자 쓰면서 알게 되었다. 그 방은 제법 넓고 남향받이에 두 면이 기역자로 창이 나 있어 그 청사에서도 명당으로 꼽히는 자리였다.

"이렇게 호강하다가 서울고등에 가서 다시 둘이 쓰는 방을 쓰려니까 굳이 옮기고 싶지 않더라구요."

도 판사의 이야기를 듣고 이번에는 소리 내어 웃을 수밖에 없었다.

"아니, 판사님. 그렇게 사소한 이유에 목숨을 걸다니요."

"사소하지 않아요. 우리 판사들은 거의 매일같이 하루 종일 이 방에서 보내는데요. 삶의 질과 관계있는 문제입니다."

도 판사님이 진지한 어조로 되받았다. 나는 웃음이 나면서도, 피고인들을 감옥에 보내는 판사들도 옥살이하기는 마찬가지구나 하면서 측은한 마음이 들기도 하였다. 나중에 나는 이 이야기를 판사인 한 친구에게 해주면서 물어보았다.

"도 판사님이 독특하신 거니? 아니면 다른 판사라도 그랬을까?"

친구의 대답은 나를 혼란스럽게 했다.

"다른 판사까지는 모르겠고, 나라도 그랬겠다. 방은 중요하거든."

알고 보니 그 친구 역시 방 때문에 감정적인 불편을 겪은 경험이 있었다.

"판사 세 명이 한 방을 쓰고 있었어. 누군가 한 사람은 창문이 나지 않은 쪽 자리에 앉아야 했는데, 그 자리는 여성 비흡연자인 내 몫이 되었지. 두 분은 담배를 피우신다는 이유로 창가를 차지하시고 말이야."

그때 그 친구는 판결문을 쓰다가 가끔 창밖을 보고 싶었는데 그걸 하지 못해 스트레스를 많이 받았고, 적응하기까지 약 한 달 동안은 우울했다고 했다. 지금도 그때 일을 생각하면 억울하다는 듯 샐쭉거리며 말했다.

"내가 괜히 양보했지. 흡연자들을 창문 없는 쪽에 앉혀서 담배를 끊도록 압박했어야 했는데……."

나는 자신에게 물어볼 수밖에 없었다. '판사들이 다 독특한 건가, 내가 아는 판사들이 독특한 건가?'

도 판사님을 만나기로 한 날은 바로 법원 인사이동이 있는 날이었다. 점심시간에 맞춰 찾아간 서울북부지방법원은 인사이동 때문이었는지, 복도 여기저기 이사하는 짐들로 어수선했다. 나는 약속 장소인 501호 도진기 판사실로 갔다.

501호는 문이 활짝 열린 채 아무도 없었다. '여기가 아닌가?' 나는 총총걸음으로 지나가는 한 남자에게 도진기 판사님 방이 어딘지 물어보았다. 그 남자는 저쪽 끝 방을 가리키며 '505호'라고 가르쳐주었다. '잘못 들었구나' 하다가, 순간 스치는 불길한 예감과 동시에 올라오는 박장대소 사이에서 갈피를 못 잡고 있었다.

505호 앞에는 박스들과 책상, 의자들이 쌓여 있었고, 안에서는 뭔가 쿵쿵대며 못질하는 듯한 소리, 어수선한 발자국 소리 등등이 섞여서 흘러나왔다. 짐 사이를 비집고 들어서니 점심시간인지 직원 자리도 비어 있고 안쪽 판사실 방문도 열려 있었다. 나는 방문을 똑똑 두드리며 조심스레 들어가 보았다. 한쪽에서는 두 사람이 컴퓨터 모니터 앞에 서서 서로 뭔가를 골똘히 상의하고 있었고, 다른 쪽에서는 뒷모습만 보이는 흰 셔츠 차림의 남자가 뭔가 부스럭거리며 엉거주춤 서류들을 정리하고 있었다. 내가 인기척을 내자

등만 보이던 남자가 돌아서며 다가왔다.

"앗! 신 변호사님, 어서 오세요. 이거 제가 지금 갑자기 폭탄을 맞아서 정신이 없군요."

사태의 전모가 한눈에 들어왔다.

"방을…… 옮기셨군요, 그렇……죠?"

"그러게 말입니다. 이것 참…….."

도 판사님은 한 손으로는 머리를 긁적이며 한 손으로는 악수를 청하며 손을 내밀었다. 15년 만이었다. 호리호리하던 청년이 중후한 중년이 되어 내 앞에 서 있었다. 그러나 왠지 바로 엊그제 헤어졌다가 다시 만난 것처럼 하나도 변하지 않은 것처럼 느껴졌다. 안경 너머 선한 눈매와 허여멀건한 얼굴, 강한 경상도 사투리가 차분하면서도 부드러운 목소리와 절묘한 조화를 이루는 말투 그대로였다.

"어휴, 그러게 사소한 이유에 목숨 걸면 안 된다니까요."

나는 악수를 하면서 웃음을 참지 못했다. 도 판사님도 계면쩍게 웃으며 말했다.

"그나마 다행입니다. 세 명이서 쓸 뻔했다니까요. 조금 전에 두 명으로 다시 조정됐어요. 어쨌든 나가시죠."

우리는 서둘러 어수선한 법원에서 나와 식당으로 향했다.

"그 두 면이 창이라는 독방이 스테이 신청한 이유의 전부가 아니었나요?"

나는 확인사살이라도 하듯 짓궂게 물었다.

"그렇죠. 거참. 내가 어리석었지요. 그런 특혜가 영원히 지속되리라 믿은……."

우리는 이 희극적인 비극 상황을 소재 삼아 이야기를 주고받으며 실컷 웃었다.

법의 위헌성을 고민한다는 것

근처 일식당에 자리 잡은 우리는 한참 동안 서로의 근황을 이야기하며 회포를 풀었다. 내가 세 아이의 엄마가 되었다는 말에 도 판사님은 애국자라며 치켜세워 주었다. 딸 하나만 둔 자신은 판사 월급으로도 제대로 교육시키기도 벅차다고 하였다.

"아내가 아이를 영어유치원에 보내자고 하기에 처음엔 반대했어요. 벌써부터 그렇게 비싼 데를 보내냐고. 그런데 가만 보니 그게 아니더라구요. 미리 어느 정도 영어를 해놓지 않으면 못 따라가고 언어는 조기교육이 필수라고 당연시되고요. 결국은 생각이 이렇게 바뀌더군요. 돈 벌어서 아이 교육 말고 그럼 어디다 쓰냐고……. 아무리 비싸도 유치원비를 일단 제일 먼저 떼놓고 보게 되는 거예요."

도 판사님도 아버지로서는 교육에 열성이고 사교육비를 걱정하는 대한민국의 평범한 학부모였다.

"그런데 간통죄에 대해서는 무슨 심포지엄 같은 걸 준비하시나요?" 도 판사님이 물었다.

나는 내가 지금 쓰고 있는 책에 대해서 이야기했다.

"제가 아는 어느 판사의 간통죄 사건 경험을 소재로 한 꼭지 쓰려고 해요. 생각해볼 거리가 많아서요. 1심에서는 무죄 판결한 사건이었지만 항소심에서 보기엔 무죄라고 보기 어려웠대요. 그런데 심증으로는 유죄가 분명했어도 피고인이 공무원이어서 1심을 파기하고 유죄 판단을 하려니까 너무 안됐다 싶었대요. 이혼하며 직장까지 잃게 되잖아요. 그러나 도저히 법관의 양심상 무죄판결문은 쓸 수가 없어 선고기일까지 연기해가며 고민했지만 방법을 찾을 수가 없었고, 결국 유죄판결을 했는데, 선고하고 나서야 방법이 떠오른 거예요. 바로 도 판사님처럼 위헌법률심판제청결정을 하면 되었던 거죠. 그리고 얼마 지나지 않아 도 판사님의 간통죄 위헌심판신청사건이 신문상에 오르내렸지요. 그제야 어느 정도 이 판사도 마음의 짐을 덜 수 있었을 것 같아요. 그러니까 도 판사님이 좋은 일 하신 거예요."

위헌법률심판제청신청을 하는 것도 어떤 관점에서는 가욋일로 볼 수 있다. 과중한 업무에 시달리는 판사들로서는 사실관계 확정과 법 적용만으로도 벅찬데, 법률의 위헌성까지 따지면서 철학적 고민을 풀어내려면 여간한 관심이 없이는 덤벼들 엄두를 내지 못할 것이다.

"판사인 한 친구가 그러더군요. 언제 그걸 연구하고 있을 틈이 있었는지 궁금하다고요. 자기도 간통죄 판결을 맡을 때마다 위헌성 의심이 들긴 했지만 위헌법률심판제청신청을 하기에는 너무 할 일이 많았다고요. 도 판사님이라고 해서 특별히 시간이 많으셨을 것 같진 않은데, 그렇다면 간통죄 문제에 대해 각별한 애정이 있었다는 뜻이겠죠. 혹시 관심을 갖게 된 어떤 계기가 된 사건이라도 있었나요?"

나는 도 판사님도 이 판사처럼 구해주고 싶은 피고인이 있지 않았을까 기대하며 물어보았다. 그런데 도 판사님의 경우에는 순서가 달랐다.

"사실 저는 원래 판사가 되기 전부터 간통죄에 대해서는 그 합헌성을 의심하고 있었습니다. 저의 대학 졸업논문도 바로 간통죄의 위헌성에 관한 것이었으니까요."

"그래요? 상당히 특이하네요. 지금 생각하면 대학 4학년도 어린애잖아요. 어떻게 간통죄의 위헌성에 대해 관심이 미쳤나요? 그 당시 간통죄에 대해 관심을 가질 만한 계기를 갖기는 쉽지 않았을 텐데요."

문득 법대 다닐 때, 여자 친구들, 소위 '법녀'라고 하는 여자 동기들끼리 했던 이야기가 생각났다. 대학 1학년 때는 강간, 간통 이런 단어는 차마 입에조차 쉽게 올리지 못했다. 입시 공부만 하다 고등학교 갓 졸업한 범생이들이 과연 무엇을 알았을까. 대학 4학년이 되자 남학생들과 강간의 미수와 기수시기[2]에 대한 학설 대립을 놓고 핏대를 올리며 토론하게까지 되었다. 그때 남학생들은 우리를 '민법상 여자'라고 불렀다. 무심히 강간이니 간통이니 떠들다가도 어느 순간, 대학 4년 동안 변해버린 자신의 모습에 흠칫흠칫 놀라며 법녀들이 내몰린 까칠한 환경을 때로 한탄하기도 했다. 하지만 그것도 변호사가 된 지금에 비하면 거의 낭만에 가깝다. 그때는 머릿속에만 있던 관념적인 것들이었지만 지금은 눈앞의 현실이 되어 매일매일 살냄새를 풍기면서 일상의 일부를 이루고 있으니 말이다.

어쨌거나 대학 시절에 결혼도 해보지 않은 상황에서 삶속에서 특별히 간통죄에 대해 진지하게 고민할 계기를 마주치지는 않았을 터인데 졸업논문 주제를 간통죄의 위헌성으로 택했다는 건 다소 특이하게 느껴졌다.

"저는 소위 운동권은 아니었습니다. 하지만 사회과학에 흥미가 있어 철학책들을 많이 탐독했어요. 그리고 나름대로 깊이 생각하면서 세계관을 신자유주의로 정립했다고 볼 수 있지요. 그러고 나니, 신자유주의 관점에서 볼 때 현행법조항 중에 인간의 자유를 억압하고 사회의 건전한 발전을 가로막는 독소 조항들이 눈에 걸리더군요. 그중 가장 크게 거슬

---

2 의도했던 범죄행위를 마친 것을 기수라 하고, 의도했으나 범죄행위를 마치지 못한 것을 미수라고 한다. 범죄의 기수가 이루어지는 시기를 기수시기라 하는데, 기수시기는 공소시효 기간의 계산이 시작되는 지점이 된다.

린 것이 바로 간통죄 조항이었습니다."

그러고 보니 도 판사의 결정문에서 도덕적 소수에 관한 언급은 다음과 같았다.

> 사회의 다수 혹은 힘 있는 세력이 단지 싫어한다는 이유로 개인의 원천적 자유에 대한 고려 없이 형법전에 등재하여서는 안 된다. 사회경제적 소수를 위한 많은 목소리가 존재하듯이 도덕적 소수를 위한 주장도 무시해서는 안 된다.

개인의 자유가 제약되었을 때의 손실의 불가산성, 개인의 자유의 창의성이 해방되면서 사회가 비약적으로 발전한다는 자유예찬 부분은 다음과 같이 서술되었다.

> 개인의 자유란 그것이 함부로 제약되었을 때의 손실은 아무도 알 수 없는 반면, 자유에 대한 통제의 효과는 눈에 쉽게 보인다. 따라서 권력은 개입과 통제를 선호하게 되는 속성을 갖지만, 개인의 자유와 창의성이 해방되면서 사회가 비약적으로 발전해온 것을 돌이켜 보면 국가권력은 인식의 한계를 인정하고 자유에 대한 통제를 최대한 자제하여 주는 것이 마땅하다.

이 부분에서 존 스튜어트 밀의 『자유론』이 떠올랐다.

"그랬군요. 혹시 결정문 마지막 부분에서 언급하신 '개인의 자유가 제약되었을 때의 손실은 아무도 알 수 없는 반면……' 운운한 부분은 존 스튜어트 밀의 『자유론』을 인용하신 건가요?"

"아닙니다. 그 부분은 하이에크의 『법과 도덕의 한계』라는 책에서 그 사상의 요지를 빌어 온 것입니다. 제 가치관은 대학 다닐 때 심취했던 하이에크의 영향이 크지요."

하이에크라니! 실로 오랜만에 들어보는 이름이었다. 하이에크라는 발음조차도 얼마나 감미로운가. 나는 하이에크라는 이름 자체가 가져다주는 노스탤지어 때문에 잠시 멍해졌다. 한때 열렬히 불타올랐던 연애 시절이 그런 것처럼 진한 기억들이 거짓말처럼 까마득한 세월에 묻혔다가, 우연히 서랍 구석에서 본 어떤 물건 때문에 그 시절 그 순간들이 생생하게 다가오듯, 하이에크라는 이름은 진리에 목말라했던 젊은 시절의 기억들을 불러일으켰다.

나 역시 그 점에서는 도진기 판사와 닮은꼴이었다. 나는 386세대의 끄트머리라고 할 수 있는 88학번이다. 소위 운동권은 아니었으나 그 당시 갑자기 던져진 가치관들의 도가니 속에서 무엇이 진리인지 좌우 갈피를 잡지 못했고, 그 이유만으로도 왠지 죄인이 된 것처럼 느꼈던 다수의 아웃사이더 중 하나였다. 그 불편하고 혼란스러웠던 정신적 위치가 아마도 많은 학생들을 뭔가 하나라도 잡아야겠다는 강박증으로 내몰았는지도 모르겠다. 도 판사님은 신자유주의라는 깃대를 잡으셨던가 보다. 나는 절절히 갈구했으나, 아무것도 잡지 못했다. 그러다 졸업하고 난 뒤 가톨릭에 귀의했고, 그것이 지금까지 나의 정신적 자리가 되었다.

정말 희한한 경험이었다. 간통죄에 대한 위헌제청결정을 쓴 판사의 생각을 좀 더 쉽게 풀어서 이해해보고 싶었을 뿐이었는데, 도 판사와 이야기하다 보니 나 자신이 걸어온 정신적 방황의 길을 되짚어보게 되는 것이었다. 하이에크 덕분에, 대화가 주제를 벗어나 잠시 대학 시절의 철학적 논제와 그 언저리 화젯거리로 옮겨갔다.

"당시 운동권이었던 한 친구는 공장에 위장 취업했다가 사장 눈에 띄어 사위가 되어서는 회사를 물려받았지요."

그 사람은 아직도 위장 취업했던 때의 세계관을 간직하고 있을까. 세계관은 사람을 어딘가로 인도하고, 또 환경은 그 사람의 세계관을 형성한다. 그래서일까? 나는 문득 백일몽에서 깨어났다. 내가 학교를 졸업한 이후로 세계관에 대한 고민을 그쳤다는 사실을 새삼스럽게 깨달았다. 하이에크라는 이름이 까마득하게 느껴진 그 거리만큼 고민을 그친 지가 오래된 것이었다. 그 고민의 자리를 대신한 것은 삶 자체에 대한 수용이었다. 결혼하고 아이를 낳고 키우면서, 그리고 변호사 생활을 하면서, 내 삶이 관념 덩어리가 아니라 살과 핏덩이로 이루어져 있으며, 평면이 아니라 입체라는 것을 느끼게 되었다. 아이가 삶에 들어오면 흑백 텔레비전이 컬러 텔레비전으로 변한다고 표현하지 않던가.

변호사는 판례나 실무 제요는 뒤져도 법철학 책은 더 이상 뒤지지 않는다. 학자의 이론보다는 의뢰인의 하소연에 더 많이 귀를 기울이게 된다. 삶은 추상적인 철학이나 이론과는 결별하고 사람들 사이에서 부대끼게 되며 그것이 더 익숙하고 자연스러운 일이 된다. 운이 좋으면 여기에서 자기만의 철학을 연꽃처럼 건지기도 하고. 연역적인 삶이 귀납적인 삶으로 옮겨간다고나 할까. 배운 것을 적용하기 전에 일단 부딪치고 적응하면서 배워가는 것이다.

"재미있네요. 저는 도 판사님도 이 판사님처럼 구해주고 싶은 피고인을 만나서 고민하다가, 위헌심판신청을 생각해내지 않았나 생각했어요. 그런데 도 판사님은 이미 구해줄 피고인을 기다리고 있었던 셈이네요."

"꼭 기다렸던 건 아니고요. 오히려 그 반대였어요."

"반대라구요?"

"예. 간통죄 사건은 피하고 싶은 재판이었지요. 간통을 형사처벌한다는 것 자체에 대해 회의를 갖고 있었으니까요. 북부지방법원에 발령받아 와서 형사단독을 하는데 간통죄 사건이 몇 건 있었어요. 사건 내용이야 그냥 전형적인 것이었고요. 그런데 개인적으로 간통죄에 대해 위헌이라는 생각을 갖고 있으니까 심정적으로는 무죄판결문을 쓰고 싶은데 법관의 양심이라는 것이 주관적인 것이 아니잖아요. 그래서 유죄판결문을 어쩔 수 없이 쓰게 되니 심적인 부담이 느껴지더라고요. 한번은 자꾸만 기일을 연기하면서 당사자들한테 합의하라고 권했지요. 재판이 자꾸 길어지니까 고소인 쪽에서 눈치챘는지 지쳐서 그냥 합의하고 끝내주더군요, 다행히. 그래서 야, 이거 이 방법이 괜찮구나 싶어서 또 그렇게 몇 번 했는데 어떤 고소인은 저보다 한 수 위더라고요. 절대로 합의하지 않고 자꾸 자료를 더 내고 더 내는 거예요. 이걸 어떻게 처리할까 하고 또 고민하다가 운 좋게도 고소인의 유서가 있었다고 볼 수 있는 사유를 찾아냈어요. 옳거니 하고 또 공소기각해서 넘겼죠."

"그러고 보니 인터넷 신문에서 도 판사님이 이미 위헌심판신청 전에도 무죄판결을 한 번 한 적 있다고 하더니, 그 사건인가 보네요."

"네, 기자가 잘 몰라서 그런 건데 무죄가 아니고 공소기각이었어요. 구두로 이미 이혼합의를 한 사건이라 유서가 있다고 본 것이지요……. 그런데 그 다음이 문제였어요. 제가 형사 단독을 앞으로 몇 년은 더 할 것 같은데 그동안 간통죄 사건을 맡지 않게 될 리도 없고, 언제까지 이 방법이 통하리라는 보장도 없잖아요. 이런 방식은 사실 회피하는 것이죠. 어느 날 결심했지요. 차라리 정면 돌파를 하자. 그래서 나름대로 본격적으로 연구했습니다. 최근 1년간의 간통죄 사건을 통계적으로 분석해보니 실형이 선고된 경우가 6퍼센트를 채 넘지 않더군요. 아시다시피 한 5년 전까지만 해도 간통죄 피고인은 무조건 구속 재판에 실형 선고율이 상당했거든요. 그런데 최근에는 남자의 배신이 인륜을 반한다 싶을 정도가 아니라면 대부분 집행유예로 나왔어요. 그래서 이미 위하력[3]에 있어서도 실무적으로도 수명을 다한 조항이라는 판단이 섰어요."

결정문에서 「간통죄 운영의 현실」이라는 소제목 하에 쓴 부분에 대한 배경이 바로 이것이었나 보다.[4]

다시 판사의 방에서

"결정문을 읽어보니까 여러 논거들이 압축적으로 표현되어 있더군요. 오랫동안 고민해왔다는 뜻이겠죠. 쓰시는 데 어려움은 없었나요?"

"평소 늘 생각해오던 것이라, 할 것인가 말 것인가 결정하는 것이 어려웠지, 하기로 하고 쓰기 시작한 후에는 별 어려

3 범죄자를 강력하게 처벌함으로써 일반인으로 하여금 범죄를 저지르지 않도록 위협하는 힘을 말한다.
4 이 책 뒤의 「자료」에 도진기 판사가 쓴 간통죄 위헌법률심판 제청결정문 전문이 있는데, 결정문의 6)과 8)을 보면 당시 현실적 조건에서 간통죄가 이미 유효기간이 다했음을 알 수 있다.

움 없이 쓸 수 있었어요."

"할 것인가 말 것인가를 고민하셨다구요?"

그러고 보니 할 것인가 말 것인가를 고민했을 법도 하다
는 생각이 들었다.

"보시다시피 당장 며칠 동안 제 이름이 신문상에 오르내
리지 않았습니까? 법원에서 그런 것 좋아할 사람이 누가 있
겠어요? 일단 튀는 것은 못 참지요. 그런데 사실 그건 별로
두렵지 않았습니다. 제 임무에 위배되는 일을 하는 것도 아
니고 마땅히 해야 할 판결문을 쓰는 거니까요. 제가 두려워
했던 건 여성들이었습니다. 여성계의 반발이 거셀 것이 분
명히 예상되었지요. 여성단체의 공공의 적이 될 수도 있겠
다는 생각이 들자 마지막 순간에 그만두려고 하다가, 문득
그런 걸 의식하면 평생 아무 일도 못할 것이다 하면서 마음
을 다잡고 저지르기로 했지요."

도 판사님을 망설이게 했던 것은 여성들이었다. 그런데
그 여성들이란 실제 존재하는 이들이 아니라 도 판사님 관념
속에 있는 여성들이었다.

"기사가 나가던 날 각오하고 출근했어요. 과연 직원이 항
의 전화 받느라 정신이 없더군요. 그런데 재미있는 것은 말
이죠. 의외로 그 전화 발신자들이 여성이 아니었어요."

항의 전화 중 십중팔구는 남자였던 것이다. 그 이유에 대
해서 도 판사님은 다음과 같이 해석했다.

"이게 바로 요즘 남성의 위치를 반영하는 사건인 것 같아요. 전에는 불륜을 저지르는 자들이 거의 대부분 남성이었고 간통죄는 경제적 약자인 여성을 보호하기 위한 장치였단 말이죠. 그런데 요즘은 여성이 더 이상 약자가 아닌 겁니다. 그래도 여자들은 대부분 쉽게 가정을 깨면서 불륜에 빠져들진 않죠. 그런데 간통죄를 폐지하면 여자들이 쉽게 불륜을 저지를 수 있을 것으로 생각한 게 아닐까 싶어요."

이후 도 판사님은 손석희의 라디오 생방송, 김미화의 토크쇼 등에서 인터뷰 요청을 많이 받았다. 하지만 판사의 결정문과 개인의 의견은 구분되어야 하기에 일체 사절했다고 했다.

사실 판사는 변호사와 달리, 인성人性이 없다. 같은 '사'자 돌림이라도 의사는 '스승 사師', 변호사는 '선비 사士'를 쓰지만, 판사는 '일 사事'자를 쓴다. 판사의 판단 기준은 법이지 자신의 도덕관이나 철학이 아니다.

그럼에도 판사에게 도덕관이나 철학은 중요하다. 그것은 판사로 하여금 실정법이 자연법과 합치하는지를 고민하게 만들어서 더 합리적이고 사람을 위하는 법에 맞도록 개선하고자 하는 의지를 일으켜 주기 때문이다.

판사야말로 살아 있어야 한다. 판사는 법을 제일 잘 알기 때문이다. 판사가 법을 고치지 않으면 국민이 고달파진다. 법이 삶의 장애가 된 국민의 비명이 쌓인 뒤에야 법이 고쳐

지기 때문이다.

간통죄의 위헌성에 대해서는 찬반양론이 팽팽하고, 나 역시 어느 쪽이라고 확실히 말할 수 없다. 하지만 판사가 그 위헌성을 의심해보고 이것을 헌법재판소의 심판대에 올렸다는 것만으로도 도 판사의 시도는 법원이 살아 있음을 보여주는 것이어서 신선하게 느껴졌다.

도 판사님과의 만남은 15년 만이었지만, 만나는 동안 그 세월을 느낄 수 없었다. 그때는 학교 앞 카페, 지금은 법원 앞 일식당이었지만 여전히 우리는 무언가를 소재로 유쾌한 설전을 벌이고 있었다.

그때 우리는 갓 스물을 넘긴 대학생들이었지만, 마치 많은 것을 알고 있다는 듯 떠들었는데, 지금은 불혹에 즈음하여서도 모르는 것이 얼마나 많은지 깨달아가고 있는 중년이 되어 있었다. 학교 앞 카페에서 우리가 처음 만났을 때, 15년 후에 변호사와 판사가 되어 법원 앞 일식당에서 간통죄를 소재로 이런 대화를 나눌 것을 예상이나 하였을까.

나는 불쑥 도 판사님께 웃으면서 물어보았다.

"그때, 그 김 선배님은 지금 뭘 하고 계시는지, 선배님은 혹시 아세요?"

김 선배님 이야기를 꺼내자 도 판사님도 순간 얼굴에 멋쩍은 웃음이 피어올랐다.

"아이 참, 그 인간, 그 후로는 영 소식이 없네요. 그 당시에

도 평소에 자주 보는 사이는 아니었는데, 갑자기 나타나서
는…… 지금은 뭘 하는지 소식을 전혀 모르고 있네요."

우리는 일종의 공범 의식을 느끼며 그때 그 시절로 잠시
되돌아갔다. 세월 탓일까. 아무리 기억을 되살리려고 해도
나는 한 가지 사실밖에는 생각이 나지 않았다. 우리가 어떤
엉뚱한 선배의 치기로 느닷없이 소개팅을 했었다는 사실
외에는 후속편이 전혀 생각이 나지 않는 것이었다. 그러고
보면 그 소개팅은 이날의 만남을 위한 복선 같은 것이었는
지도 모르겠다.

그 뒤 한 달여 만에 도 판사님을 다시 만나게 되어, 만나자
마자 나는 방에 대해 물어보았다.

"이제 두 분 쓰시는 방에 적응이 좀 되셨나요?"

"아 네, 잘 지내고 있습니다. 생각보다 나쁘지 않더군요."

"다행이네요. 같이 쓰는 분이 좋은 분이신가 봐요."

"네, 저보다 기수는 아래지만 학번이나 연배는 3년 정도
위인데 성품이 워낙 좋아 같이 지내기 편하신 분이더군요."

"어머, 그럼 혼자 지낼 때보다 더 좋을 수도 있겠네요."

"아 사실, 처음에는 솔직히 좀 힘들었어요. 이분이 성품
은 좋으신데 조용하신 분은 아니거든요. 그동안 혼자서 조
용히 지내다가 갑자기 주위가 막 시끄러워지니까 한참동안
적응이 안 되더라고요."

나는 기록 검토하고 판결문 쓰시는 데 시끄럽게 할 게 뭐가 있을까 하고 의아했다.

"아, 그게 말이죠. 그분은 기록을 예사로 읽지 않고요. 추임새를 넣으면서 읽는 거예요. 기록을 읽다가 '아, 이런 나쁜 놈이 있나' 파바박, 가끔은 기록이 막 날아가죠."

"어머, 그런데도 잘 맞으시다니, 도 판사님이야말로 성품이 좋으신가 보네요."

"웬걸요, 저도 처음엔 꽤 당황했죠. 한 1년 넘게 절간처럼 조용하게 지내다가 갑자기 시끄러운 모드로 전환되니까, 처음엔 기록이 눈에 하나도 안 들어오는 거예요. 그래서 저도 맞불 작전으로 소리를 같이 크게 내봤어요. 일부러 기록을 시끄럽게 넘기면서 소리 내서 읽고 그랬더니 생각보다 꽤 재미있더라구요. 집중도 더 잘 되고요. 그래서 방이 아주 활기차요."

나는 두 판사가 기록철을 시끄럽게 막 넘기면서 '씩씩', '중얼중얼', '파바박' 하는 장면을 떠올리며 한참 웃었다.

결국 혼자 쓰는 남향받이의 명당자리를 지키지는 못했지만, 도 판사님이 스테이 신청을 한 보람은 있었다. 판사의 방 중에서 그만큼 활기찬 방은 찾기 힘들 테니까 말이다.

" 사람은 누구나 대화와 토론을 통해
　자신의 불완전한 관점을 보충할 수 있어야 하고
　서로에게 하나의 진실을 추구해나가는
　동반자 역할을 해주어야 하는 것이다. "

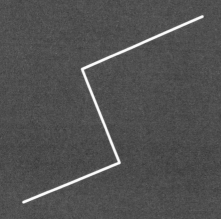

10장

법정의 고수

다시 김동국 변호사를 만나다

나는 어느 토요일 오후, 비 내리는 강남역 거리에 서 있었다.

김 변호사님 말씀대로 두 번째 횡단보도에 내리니 약속 장소가 바로 눈앞에 있었다. 주로 학생들이나 젊은 회사원들이 모이는 강남역에 걸맞게 젊은이들 취향의 캐주얼한 이태리 식당이었다. 비가 오지 않는 날이었다면, 대로변이긴 하지만 나름대로 도심의 낭만을 즐길 만한 곳이었다. 입구로 들어서려는데 바로 김 변호사님과 마주쳤다.

김 변호사님과의 약속은 원래 한 달 전에 있었는데, 서로 일이 바쁘다 보니 몇 번 약속을 미루게 되었다. 그런 와중 어느덧 황금 같던 출산 휴가가 끝나고 나 역시 일에 쫓기게 되었다. 특히 새로이 맡은 행정소송 사건에 푹 빠져 있었다.

"그동안 책은 많이 썼어요?"

"아뇨. 한동안 소송 일에 바빠 진행을 못 했어요. 아, 맞다,

그래도 한 꼭지는 더 썼어요."

나는 그동안 간통죄와 위헌법률심판을 다룬「어느 젊은
판사의 고뇌」편을 거의 완성해놓고 있었다.

"최근에 간통죄 위헌법률제청신청이 몇 건 있었잖아요.
그중 제일 먼저 하신 판사님을 알고 있어요. 원래 위헌법률
제청신청은 판사의 의무이자 권한인데, 막상 하는 것은 쉽
진 않죠. 간통죄의 위헌 여부보다도 그 위헌법률제청결정을
한 판사의 생각이나 결정 과정에 초점을 맞춰서 한 꼭지 썼
어요."

"그래요? 최근에 모 탤런트도 간통죄 위헌 주장을 변호사
를 통해서 했지요. 아마 이제까지 여러 번 간통죄가 위헌심
판대에 올랐다가 합헌으로 결론이 났지만 이번엔 잘 모르겠
어요. 어느 정도 분위기가 무르익은 것 같긴 하지. 이번엔 대
법관들 중 위헌 의견을 가지신 분들이 제법 있는 것 같고, 판
사들 중에서도 마찬가지고."

"김 변호사님은 어떠세요? 변호사님도 위헌 의견이신가요?"

김 변호사님은 잠시 생각하는 듯한 표정을 짓더니 낮은
톤으로 조심스럽게 말씀하셨다.

"개인적인 내 의견을 말하자면, 사실 나는 존치 쪽이에요."

최근에 내가 만난 법조인들 중 간통죄 존치 의견을 가진
분은 처음이었다. 대략 절반은 폐지 의견이고 나머지 절반
은 잘 모르겠다는 입장이었지 존치를 주장하는 사람은 적어

도 젊은 법조인들 중에는 드물었다.

"도 판사님이 쓰신 위헌법률제청결정문 혹시 보셨어요? 상당히 설득력이 있던데 변호사님은 어떤 근거로 존치를 주장하시나요?"

"결정문은 못 읽어봤어요. 도 판사님이 주장하시는 근거는 어떤 거지요?"

나는 도 판사님의 결정문 요지를 대충 설명해주었다.

"결국, 간통죄 조항이 더 이상 위하력도 없고, 가족제도 보호 기능도 없이 이혼 시 위자료를 더 받기 위한 협박 수단으로 전락했다는 거죠. 무엇보다도 도진기 판사님은 자유주의적 관점에서 성적 자기결정권은 국가가 형벌권으로 개입할 성질의 것이 아니라는 입장이에요. '법이 이불 안까지 들어가서는 안 된다'고 쓰셨더군요, 판결문에."

김 변호사님은 잠시 신중하게 생각하는 듯한 표정이 되었다.

"물론, 간통죄가 예전만큼 강력한 기능을 발휘하고 있는 것도 아니고, 가족제도를 보호하는 것도 아니지. 그리고 자유주의 국가에서 국친주의[1]적 태도로 부부간 성생활에 개입하는 것이 걸맞지 않다는 것도 일리는 있어요. 하지만 아직도 실질적으로 간통죄가 기능을 발휘하는 지대가 분명히 있어요. 어차피 간통죄라는 게 평범한 사람들한테는 있으나

---

1 국가가 국민에 대해 부모와 같은 보호자 또는 후견인의 역할을 해야 한다는 사상을 말한다.

없으나 별 상관없는 조항이죠. 그렇다고 해서 없어도 되는 것은 아니란 말이에요. 살인죄 조항이 평범한 사람들만 산다면 그다지 기능을 발휘할 일이 없는데, 그렇다고 해서 살인죄가 형법에서 빠져야 한다고 할 수는 없는 것처럼."

김 변호사님은 배신성이 아주 큰 경우나 부부간 경제력의 차이가 심한 경우를 예로 들었다.

"어떤 경우에는 이혼이라는 것이 그동안 쌓아온 자신의 모든 것을 잃는 것을 의미하는 경우가 있죠. 예컨대 한국 남자와 결혼한 베트남 여자를 생각해보죠. 한 15년을 아이 낳고 살았어요. 베트남 여성은 한국인 남편 뒷바라지와 아이 키우는 데 자신의 청춘을 몽땅 다 바치며 살았는데, 남편은 새 여자가 생겨 이혼하자고 한단 말이에요. 이런 경우에는 베트남 여자에게 간통죄는 절실한 수단일 수 있어요."

"……."

"능력 있고 평범한 부부가 서로 결혼 생활을 유지할 이유를 못 느끼는 경우, 깨끗하게 합의하고 헤어지는 쪽을 택하지, 굳이 형사로 고소하고 말고 하지 않는단 말이지. 예전과 달리 경제력이 있는 여자들이 많아지고 자유주의 가치관이 보편화되었다고 해도 여전히 간통죄가 있어야만 자신의 인간다운 권리를 지킬 수 있는 사람들은 아직도 우리 사회에 분명히 존재하고 있어요."

김 변호사님의 이야기를 듣고 보니, 문득 내 시선이 낮아지는 것 같았다. 김 변호사님의 관점이 낮은 곳을 비추었다고나 할까.

"그렇군요. 저는 그동안 이혼 사건을 몇 번 맡았던 적이 있었는데 간통죄가 문제되는 경우에는 대부분 관계가 살벌해지는 걸 많이 보았어요. 그러면서 서로 상처가 너무 커지는 거죠. 그래서 이혼 문제를 형사로 다루는 것 자체가 사람들을 비인간적인 상황으로 몰고 가게 되지 않나 하는 생각을 하게 됐죠. 일단 고소까지 하고 현장 급습을 하거나 하면 관계는 회복 불가능하게 되잖아요. 그러면서 자녀, 부모 등 가까운 가족들이 입는 정신적 피해도 그렇고."

얼마 전 맡았던 이혼 사건이 떠올랐다.

남편의 폭행과 외도로 더 이상 참을 수 없어서 이혼소송을 시작했는데, 원래 소송이 그렇듯이 소장을 접수하고 한 달이 지나도록 진행이 없자 그녀의 오빠가 변호사 사무실로 전화를 했다.

"변호사님, 아는 형사가 그러는데, 가사소송 사건은 진행이 느리다면서요. 그래서 사람을 붙여 간통 현장을 잡아 고소하는 것이 가장 빠르다는데 어떻게 할까요?"

"예? 그걸 뭐 그렇게까지 할 필요가 있나요? 서로 15년이나 산 사람들이고 애 아빠고 그런데, 이혼만 하면 되지 뭘 그렇게까지……. 지금 있는 자료만으로도 충분히 폭행과 외도 정황은 증명되니까 꼭 안 그러셔도 됩니다."

"아이 참, 변호사님도 참 순진하시네. 요즘 다들 그렇게 한대요. 그러면 빨리빨리 합의하고 끝날 텐데."

그는 내 태도가 의외였던지 다른 변호사 사무실은 오히려 사무장들이 나서서 간통 현장에 따라가 주기까지 하는데 말리는 듯한 내가 이해가 되지 않는다며 영 못마땅해하는 것이었다.

그러더니 결국은 심부름센터를 시켜 남편을 미행했고, 남편도 그 사실을 눈치채고 미행자를 또 거꾸로 쫓는 등 드라마 같은 일들이 진행되었다.

사람들이 왜 이리 급한가. 마치 이혼이 미션이라도 되는 듯 수단과 방법을 가리지 않는 듯한 태도를 보일 때는 참 난감해진다.

다른 소송은 몰라도 이혼소송의 경우는 사람들의 감정을 다루게 되기 때문에 조심스럽게 접근해야 한다. 이해관계가 아니라 혈연관계로 엮인 사람들을 상대하기 때문이다. 그리고 이왕 이혼을 결심하고 그 과정을 밟는다면, 신속하게 진행되는 것도 중요하지만 그 과정에서 더 이상 상처 입는 상황을 발생시키지 않도록 하는 것도 필요하지 않은가. 어차피 아이들의 아빠고 엄마라는 점을 생각하고 좀 더 예의를 지키면서 헤어질 수는 없을까. 오늘 하루만 살고 말 것도 아니고, 10년 후 지금을 되돌아본다면 과연 후회하지 않을 수 있을까.

하지만 현실은 우리를 차분히 생각하도록 내버려두지 않는다. 그때도 내가 우리 사무장님께 이 이야길 했더니 이렇게 말하셨다.

"당사자가 굳이 그렇게 하겠다면야 말릴 이유는 없지요. 그렇게 해서 현장 사진이라도 찍어 오면 진행이 빨리 되는 건 사실이니까요. 변호사님도 더 이상 입증 활동을 하지 않아도 되니 일을 더 편하게 할 수 있고요."

이상이 현실에 부딪혀 지지직, 하고 깨지는 소리가 들렸다.

나는 이런 경험을 포함해 그동안 맡았던 이혼 사건 사례에 비추어 자연스럽게 간통죄에 대해서는 그 부정적인 측면을 더 많이 생각했던 것 같다. 그런데 김 변호사님 말씀을 듣고 보니 간통죄 조항이 최후의 보루가 될 피해자도 있을 수 있고 그런 사람들은 변호사 사무실에조차 쉽게 오기 힘들지도 모르겠다는 생각이 들었다.

당연히 그런 사람들은 도 판사님실에 항의 전화를 할 생각조차 못 했을 것이다. 뜻하지 않게 간통죄를 주제로 토론하게 된 나는 이 정도에서 이 주제를 벗어나려고 가볍게 항복하는 멘트를 날렸다.

"변호사님 말씀을 듣고 보니, 간통죄 존치론 쪽에 갑자기 귀가 기울여지는데요. 흠, 도 판사님께 한번 여쭤봐야겠군요."

그러자 김 변호사님은 한 수 더 나가셨다.

"음, 그러면 도 판사님은 이렇게 말씀하실지도 모르지.

'그렇다고 해서 꼭 형사처벌을 해야만 그 베트남 여자가 보호되냐고, 민사상 손해배상을 제대로 해주면 되지 않냐'고. 하지만 아무래도 아직은 감옥이 더 위협적이지."

갑자기 나는 고수들의 바둑돌을 중간에서 옮기고 있는 듯한 기분이 들어, '푹' 하고 웃었다.

"알았어요. 헌법재판소 판사님들도 이번엔 꽤 고민이 되시겠어요. 그건 그렇고 오늘 변호사님 뵌 건 사실, 상고심 킬러 김동국 변호사님께 한 수 배우고 싶어서지요."

나는 원래 김 변호사님께서 승소판결 받으신 상고심 사건을 소재로 이야기를 써보려고 했었다. 김 변호사님이 제법 많은 상고이유서 자료들을 메일로 보내주셨는데, 내가 작가적 상상력이 부족하기 때문인지 상고 사건들 자체를 다시 들여다보고 재구성하기에 벅차서 포기했다.

"그래요, 상고심 사건이야 법률심인데. 직접 당한 사람이 아니고서야 관심을 갖고 집중하기 어렵지."

김 변호사님은 대신 후배 변호사들을 위해 몇 가지 팁은 줄 수 있다며, 이렇게 말했다.

"형사사건의 경우 논리가 제일 중요한 것 같아요. 처음 사건을 접했을 때, 싸워야 할 상대방의 논리가 있지. 피고인이 유죄인 이유에 대한 검찰의 논리, 고소인의 논리 그리고 원심의 논리. 일단 그것들을 하나하나 정리해보면 그 반대 논리를 구성하기 위한 팩트가 드러나죠. 그 팩트는 어디서 구하겠어요? 당연히 피고인한테서 구할 수밖에 없지요. 그래서 나는 일단 형사사건을 수임하는 경우 피고인을 계속 만나요. 피고인을 자주 만날수록 무죄를 받을 확률은 높아지는 거죠. 가끔 어떤 피고인은 변호사를 몇 번 만나지도 못하고 재판을 받는다는데, 나는 도대체 어떻게 피고인을 만나지 않고 변론을 구성할 수 있는지 이해가 안 돼. 여하튼 그래서 구속피고인의 경우 보석 신청은 필수예요. 무슨 수를 써서라도 반드시 석방시키려고 기를 쓰지. 무죄를 입증하려면 피고인이 구속되어 있어서는 자료를 모으는 데 한계가 있잖아요."

정말 절실히 공감하는 부분이었다. 피고인이 구속되어 있으면, 변호사가 구치소를 끊임없이 들락거려야 하는 것도 그렇지만 피고인의 가족이 사건을 재구성하기 위한 자료를 모아주어야 하는데 아무리 가족이라도 그것이 남의 손으로 하는 것이니 손발이 맞기가 어디 쉬운가 말이다. 구속피고인을 위한 무죄 변론은 그야말로 손발이 묶인 채 멀쩡한 상대방과 주먹싸움하는 것과 다름없다.

"그리고 스킴schem[2]을 짜는 거예요. 고소인, 검찰, 원심의 유죄판단의 논리를 깰 수 있는 피고인 주장의 논리와 그를 뒷받침하는 사실들을 하나하나 대응시켜서 맞춰가는 거죠."

김 변호사님은 승소의 비결치고는 너무 기본적이고 당연

---

2   운영 계획, 책략, 계략 등을 뜻한다.

한 이야기를 하고 있었다. 하지만 나는 그 또한 당연하다는 생각이 들었다. 원래 어느 분야에서건 고수들은 탄탄한 기본기로 승부하는 법이니까.

"그러다 보면 상대방 논리와 우리 논리가 부딪치는 부분이 생기죠. 그리고 각자의 논리를 뒷받침해주는 사실관계와 증거들도 서로 모순되겠죠. 그럴 때 법원은 웬만해선 검찰과 원심 쪽을 믿겠지. 기본적인 신뢰 관계가 있는 데다가 아무 이유 없이 공조직이 개인을 덮어씌울 이유는 없으니까. 그래서 바로 그 점을 우리가 공격해야 하는 거예요. '아무 이유 없이'가 아니라, '숨은 이유'가 되는 배경 사실이 있게 마련이란 말이에요. 무죄를 유죄로 만들었을 때는."

"숨은 이유라……. 그리고 보니, 변호사님 지난 번 주신 상고이유서 중에 생각나는 사건이 있군요."

그 사건은 어느 경찰서장의 뇌물 수수 사건이었는데, 원심에서 유죄로 징역 5년을 받았던 것이 상고심에서 파기환송되어 결국 무죄로 확정된 건이었다. 물론 김 변호사님이 상고이유서에서 조목조목 사례를 들어가며 수사검사가 증인과 협상했음을 추측케 하는 배경 사실을 설득력 있게 증명해냈기에 파기될 수 있었다.

"때로는 공조직도 편견 때문에 실수를 할 때가 있겠지. 그 경우도 마찬가지야. 실수를 한 그 부분을 찾아내서 설명을 해주면 되지. 선입견이나 편견 때문에 오판을 했다면 그 선입견이나 편견을 깨야 되는데 그걸 깬다고 생각하고 접근하면 일이 어려워질 수 있어. 상대방이나 법원이 방어적이 되거든. '깬다'고 생각하지 말고, '보완해준다'고 생각하면서 우리 논리를 일관성 있게 유지해나가야지."

역시 상당히 공감이 가는 이야기였다.

생각이나 관점이란 건 언제든지 바뀔 수 있고 또 바뀔 수 있어야 하는 것이다. 그럼에도 불구하고 대부분의 사람들이 자기 생각이나 관점이 곧 자기 자신이라도 되는 양, 생각이나 관점을 공격받으면 감정적으로 상처받고 방어적이 되면서 필사적으로 자기 생각을 관철시키려고 하는 경우가 많다. 그래서 대화나 토론이 결론 없는 전쟁이 되기 일쑤다. 법정 공방도 마찬가지고.

그러나 생각이나 관점이란 각자의 입장에서 주관적으로 자리 잡는 것일 뿐 그 사람의 인격 자체가 아니기 때문에, 생각이 다르다고 해서 사람의 인격까지 의심하면서 서로 대립할 필요는 없는 것이다. 사람은 누구나 대화와 토론을 통해 자신의 불완전한 관점을 보충할 수 있어야 하고 서로에게 하나의 진실을 추구해나가는 동반자 역할을 해주어야 하는 것이다.

어느덧 점심시간이 지나 카페는 한산해지고 있었다.

"사기의 역사에 대해 책을 좀 써볼까 하는데 어떨까?"

불쑥 김 변호사님은 사기 사건을 깊이 연구해보고 싶다며 이야기를 꺼냈다.

최근 사기 사건을 많이 다루다 보니 사기꾼과 피해자는 각각 51퍼센트와 49퍼센트의 잘못이 있다며, 조선시대부터 사기 사건이 발생하는 그 구조와 사기의 행위태양[3] 등을 통사적으로 고찰한 책을 한번 써볼까 한다는 것이다.

"좋은 생각이네요. 시도해볼 만할 것 같아요."

나는 자리를 정리하면서 준비해온 선물을 드렸다.

"이건 제가 연수원 시절에 읽었던 책인데, 최근 책을 쓰면서 왠지 자꾸 다시 생각나서 몇 권 주문했어요. 김 변호사님 뵙고 좋은 말씀 많이 들은 감사의 뜻으로 드릴게요."

내가 꺼낸 책은 칼릴 지브란의 『예언자』였다.

사랑으로 구속하지는 말라

토요일이었지만, 김 변호사님은 근처 사무실로 다시 돌아가야 했다.

"나는 내가 직접 일을 해야만 직성이 풀려서 말이야⋯⋯."

김 변호사님은 법무법인의 대표 변호사임에도 불구하고,

---

3 어떤 죄가 성립하는 행위는 그 모습이 한 가지만 있는 것이 아니다. 특히 사기죄는 남을 속여서 돈을 빼앗는 것이 본질이지만 그 방법은 물건값을 속이는 데서부터 보이스 피싱에 이르기까지 수십만 가지에 이른다. 이처럼 죄의 본질이 실제 행위로 나타나는 형태를 행위태양이라고 한다.

여전히 고용 변호사만큼 일을 하고 있었다. 법정에 서야 하는 송무 변호사는 사실 그럴 수밖에 없다. 송무 일은 의뢰인들이 회사를 보고 선임하기보다는 변호사를 보고 선임하여 대체가 불가능한 경우가 많기 때문이다.

김 변호사님과 헤어져서 나는 강남역 쪽으로 걷고 있었다. 어느덧 비가 개고 빗물이 공기를 모두 씻어내린 듯 시야가 맑아져 있었다. 다시 나온 햇살에 물기를 머금은 가로수 잎이 반짝거리고 인도는 촉촉이 젖어 오랜만에 시내는 걷고 싶은 거리가 되어 있었다.

테헤란로 쪽으로 발길을 돌렸다. 8차선 좌우 양쪽으로 빼곡히 들어찬 고층 사무실 빌딩들이 눈에 들어왔다. '저기엔 토요일 오후인 지금도 김 변호사님처럼 회사에 출근해서 일하고 있는 사람들이 많겠지' 하고 생각하며 나는 남편을 떠올렸다. 남편의 사무실도 바로 테헤란로에 있는데, 오늘 아침 출근했다. 남편은 내일 밤 두바이 출장 일정이 잡혀 있었다.

"오늘 조금 늦을 거야. 내일 밤 출발 전에 다른 변호사들도 볼 수 있도록 자료를 다 정리해서 보내야 되는데, 오늘 안에 마쳐야 하거든."

남편은 토요일인데도 아침 일찍 출근하는 것이 미안했던지 평소답지 않게 자기 할 일을 설명해주고 떠났다.

'틀림없이 아직 점심도 안 먹었을 거야.'

298

나는 남편 회사 근처에 도착해, 피자와 빵을 파는 카페에 들러 피자를 한 판 포장했다. 기다리며 보니 젊은 남녀들이 나란히 앉아서 노트북을 켜놓고 한 손에 커피를 들고 한 손으로 자판을 두드리며 놀고 있었다.

문득 학교 근처를 벗어나본 적이 거의 없는 내 젊은 시절이 눈앞의 장면과 대조되어 떠올랐다. 남편도 그리고 아마 김 변호사님도 젊은 시절에 학교 근처를 거의 벗어난 적이 없었으리라. 그리고 지금도 짧은 휴가를 빼고는 사무실과 그 근처를 벗어나지 못하고 있는 것이다.

'공부벌레들은 결국 일벌레가 되는구나' 하는 생각이 들었다.

남편의 사무실은 테헤란로변 빌딩 네 개 층과 그 옆 빌딩 여섯 개 층 등 빌딩 세 개를 함께 쓰고 있었다. 엘리베이터에서 내리자 최근에 새로 단장한 법무법인 태평양의 로고가 보였다. 나는 보안문 앞에서 남편한테 전화를 걸었다.

"어때, 일 많이 했어?"

"응, 그래도 아직 많이 남았어. 미안해, 오늘 많이 늦을 거야."

"응, 그럴 줄 알았어. 그런데 점심 먹었어?"

"아니, 아직."

"그래? 그럼 피자 배달 왔으니까 문 좀 열어줄래?"

전화 저편으로 남편 웃음소리가 들리더니, 곧 남편이 뛰어나와 보안문을 열어주었다.

토요일 오후에도 변호사들이 나와서 일을 하는지 컴퓨터 자판 두드리는 소리가 변호사 방들을 지날 때마다 요란했다.

"웬일이야?"

"오늘 점심 약속이 있었어. 강남역 근처에서."

남편은 한 손으로는 피자를 건네받으며, 한 손으로는 마우스를 이리저리 클릭하며 이메일을 보냈다.

"잠깐만, 이것만 마저 보내고."

남편의 책상 위에는 영문으로 된 서류 더미가 가지런히 분류되어 있었다. 흘깃 보니 내일 출장 가는 사건 관련된 서류들이었다.

"클라이언트가 누구였지?"

"현대 계열사."

"현대 계열사 어디?"

"비밀이야!"

남편은 딸아이 흉내를 내면서 자세한 이야기를 피했다.

우리는 같은 변호사지만 서로 하는 일의 성격이 많이 달랐다. 내가 주로 우리나라 법정에서 소송 관련 사건을 하는 데 비해 남편은 기업을 상대로 자문을 하거나 외국 회사와의 국제 거래 협상을 대리하는 등 주로 국내외 회사들이 클라이언트이고 법정에 서는 일이 없다. 서로의 일에 대해서는 거의 일반인이나 다름이 없었다.

그러다 보니 가끔 상대방의 분야에 대해 전문가 자문받 듯이 물어보는 일은 있어도 함께 일 이야기를 하는 일은 드 물었다.

하이마트 매각 건이나 르노삼성자동차 매각 등 사회적으 로 이슈가 된 것들에 대해서는 서로 의견을 터놓고 주고받 는 편이었지만, 대체로 남편은 미국 변호사답게 오히려 비 밀을 지키려고 했고 나 역시 알려고 하지 않았다.

이번 출장 건도 결국 나는 신문을 보고 내용을 알게 되었 는데 자세한 내용은 남편이 제일 잘 알겠지만, 더 이상 묻지 않았다. 특별히 알아야 할 이유도 없으니까.

"그건 그렇고, 김동국 변호사님 만난 일은 어땠어?"

남편은 오히려 내가 하는 일에 더 관심이 많았다.

"응,「법정의 고수」편은 거의 다 쓴 거나 다름없었어. 이번 엔 마무리 겸 감사 인사 겸 검사겸사 만난 거야."

"그래, 그럼 마무리는 잘 됐고?"

"모르지. 집에 가서 써봐야 알지. 하지만 어쨌든 좋은 시간 이었어. 한 꼭지는 마무리한 느낌이야. 그런데 참. 내가 엊그 제 간통죄 위헌심판결정하신 도 판사님 만난 이야기해줬잖 아. 오늘 김 변호사님한테 그 이야기했더니 자기는 존치론 쪽이라는 거야. 양 변호사님 의견은 어때?"

"나? 나야 뭐 폐지해야 하는지 존치해야 하는지 정당성 문 제는 잘 모르겠지만 그것 때문에 형벌을 받는다는 게 좀 이상하게 느껴지지. 김 변호사님은 왜 존치해야 한대?"

남편은 미국에서 자라서인지 엊그제 도 판사님을 만난 이야기를 할 때도 부부간 의무를 위반한 경우도 사기죄나 살인죄처럼 감옥에 갈 수도 있다는 것이 좀 어색하다고 했다.

"도 판사님은 간통죄가 이제 위자료나 더 받기 위한 협박 수단으로 전락했을 뿐이고, 부부 관계를 보호하는 기능이 거의 없다고 했다니까, 김 변호사님은 그래도 아직 간통죄 조항이 있어서 자기 권리를 최소한이나마 주장할 수 있는 힘없는 사람들이 존재한다는 거야. 예컨대, 베트남에서 한국에 시집온 지 한 15년 된 가정주부처럼. 기능이 약해진 건 사실이지만 그렇더라도 필요로 하는 사람들을 위해서 남겨 둬야 한다는 거지."

남편은 뜨끈뜨끈한 피자를 막 뜯어서 입으로 가져가는 중이었다.

"응?"

남편은 잠시 멈추더니, 생각하는 얼굴이 되었다.

"그런데 그걸 왜 꼭 형사사건으로 다루어야 하지? 그런 힘없는 사람을 제대로 보호하려면 이혼제도를 제대로 만들어야지. 미국 같은 경우는 간통죄 없어도 부부 관계 위반으로 이혼당하게 되면 재산의 반을 주어야 하고 또 부양료도 계속 주어야 하니까, 바람 피웠다가는 형벌받는 거나 다름없지, 그리고 배우자는 돈으로나마 보상을 제대로 받으니까 생활 보장은 되고."

나는 순간 눈이 크게 떠졌다.

"어? 바로 김 변호사님이 예상했던 수가 여기서 나왔네."

나는 김 변호사님이 바둑 돌 놓듯 서둘러 한 수 더 나가시며 한 말을 떠올렸다.

"음, 그러면 도 판사님은 이렇게 말씀하실지도 모르지. '그렇다고 해서 꼭 형사처벌을 해야만 그 베트남 여자가 보호되냐고, 민사상 손해배상을 제대로 해주면 되지 않냐'고. 하지만 아무래도 아직은 감옥이 더 위협적이지."

나는 김 변호사님이, 내게 한 말을 남편에게 들려주며, 김 변호사님이 혼자서 다다음 수까지 두더라고 말해주었다.

그리고 웃으며 "우리 집에도 '법정의 고수'가 한 명 있었네" 했더니 양 변호사는 "아니, 난 전혀 아니야" 하면서 손사래를 쳤다.

어느새 피자를 반이나 먹어치운 양 변호사는 갑자기 씩 웃으며 이렇게 말했다.

"난 법정에 서지 않는 고수거든."

나는 더 이상 방해하지 않겠다며 서둘러 남편의 사무실을 빠져나왔다. 집으로 가기 전에 나는 왠지 좀 더 걷고 싶어 아직 촉촉한 테헤란로를 걸었다.

최근에 어쩌다 간통죄 존폐론을 소재로 대화를 많이 나누게 되었는데, 결국 나는 간통죄 자체보다도 간통죄 문제를 바라보고 해결하는 방식에 대해 새로운 인식을 얻었음을 깨달았다.

간통죄를 폐지할 것이냐 존치할 것이냐는 간통죄가 비난할 만한 죄냐 아니냐에 따라 결정될 문제도 아니고, 제대로 기능하고 있느냐에 따라 결정될 문제도 아니다.

무엇보다도 간통죄를 폐지해야 하는 것도 존치해야 하는 것도 우리 문제의 완전한 해답이 아니다.

우리가 생각할 문제는 간통죄 조항에 대한 정당한 평가에 관한 문제가 아니라 그 이상을 넘어선 것이다. 그것은 일부일처제의 혼인제도를 골간으로 하는 가족제도와 그 구성원 개인의 행복추구권, 인간다운 삶을 영위할 권리를 어떻게 조화롭게 보장할 것이냐의 문제이다.

이 문제는 간통죄가 존치한다하더라도 완전히 해결되지 않은 채 남는 것이고, 간통죄를 폐지한다 하더라도 마찬가지인 것이다.

우리는 간통죄 존폐 여부라는 닫힌 토론장에서 빠져나와 다시 물어야 한다. 개인의 행복의 원천이 되는 가족제도를 어떻게 보호할 것인가. 가족제도가 개인의 행복의 원천이 될 수 있도록 하려면 혼인 및 이혼제도를 포함한 가족제도를 어떻게 만들어야 하는가.

그렇게 생각하고 나니 그 해결은 법으로만 할 수 있는 것이 아니고 교육, 사회 문화적인 방법 등 다양한 접근이 필요하다는 생각이 들었다.

　문득 칼릴 지브란의 '예언자'에게 이 문제에 대해서도 물어보고 싶어졌다. 그는 과연 무어라고 할까.

　　그때 알미트라가 다시 물었다. 그러면 스승이여,
　　결혼은 무엇입니까.
　　그가 말했다.
　　그대들은 함께 태어났으니, 영원히 함께하리라.
　　죽음의 흰 날개가 그대들의 생애를 흩어버릴 때에
　　도 그대들은 함께 있으리라.
　　그렇다. 신의 말 없는 기억 속에서도 그대들은 함
　　께 있으리라.
　　그러나 함께 있되 거리를 두라.
　　그래서 하늘 바람이 그대들 사이에서 춤추게 하라.
　　서로 사랑하라. 그러나 사랑으로 구속하지는 말라.
　　그보다 그대들 혼과 혼의 두 언덕 사이에 출렁이는
　　바다를 놓아두라.
　　서로의 잔을 채워주되 한쪽의 잔만을 마시지 말라.
　　서로의 빵을 주되 한쪽의 빵만을 먹지 말라.
　　함께 노래하고 춤추며 즐거워하되 서로는 혼자 있
　　게 하라.
　　마치 현악기의 줄들이 하나의 음악을 울릴지라도

줄은 서로 혼자이듯이.

서로의 가슴을 주라. 그러나 서로의 가슴속에 묶
어두지는 말라.

오직 큰 생명의 손길만이 그대들의 가슴을 간직할
수 있으니.

함께 서 있으라. 그러나 너무 가까이 서 있지는 말라.

사원의 기둥들도 서로 떨어져 있고

참나무와 삼나무도 서로의 그늘 속에선 자랄 수 없
으니.

　　　　　　　　　　— 칼릴 지브란의 『예언자』 중에서

에필로그

살아간다, 사랑한다, 사라진다

선택의 기술

누구에게나 크든 작든 항상 선택의 순간이 있게 마련이다. 일상의 작은 선택들이 모여서 하루를 만들고, 또 그런 하루들이 모여서 일생을 이룬다. 인생에 있어 비교적 중요한 선택이라고 생각되는 것들, 예컨대 누구와 결혼할 것이냐, 무엇을 하며 살 것이냐, 어디서 가정을 꾸릴 것이냐, 즉 배우자, 직업, 사는 곳, 이 세 가지도 사실은 한순간에 이루어진다. 이 중요한 선택을 하는 결정적인 순간에도 언제든지 '아니요'라고 말할 수 있는 짧은 순간은 있기 때문에 선택은 찰나에 이루어진다고 할 수 있다. 그래서 결혼식장에서 뛰쳐나오는 신부가 흔치는 않지만 그래도 지구상 어딘가에는 있고 새로 이사할 집 계약이 깨지기도 한다. 하지만 가만히 보면 그런 중요한 선택은 아주 오랫동안 서서히 이루어진다고 볼 수 있다. 선택을 할 수밖에 없는 시점에 이르는 동안 어느 한 선택지가 나머지 선택지들보다 가능성이 점점 더 커지고 번복의 가능성이 점점 낮아진다. 그리고 결정적인 순간에 확신에 찬 '예'로 선택이 마무리된다. 물론 이것은 가장 이상적이고 후회 없는 선택의 모습이라고 할 수 있다. 나는 내 자신이 내 인생의 중요한 선택만큼은 적어도 이런 모습으로 선택하기를, 그리고 선택했기를 바란다. 돌이켜 보면 나는 이 세 가지는 비교적 그렇게 이루어졌다고 생각하기 때문에 지금 내가 진 짐이 가볍게 느껴진다. 사실 배우자, 일, 가사는 행복의 원천이기도 하지만 생활의 관점에서 보면 짐이다. 그래서 후회 없는 선택을 하려면 평화로운 순간에 해야 한다. 마음이 순수할 때 우리는 평화를 누리며, 그 순간의 선택은 후회를 남기지 않는다.

　이혼 상담을 하다 보면 대화는 흔히 이렇게 흘러간다.

　"왜 이혼하려고 하시나요?"

　"더 이상 폭력을 못 참겠어요", "도박벽이 있어요" 또는 "여자(혹은 남자)가 있어요."

　"어떻게 결혼하게 되었나요?"

　"연애했어요."

　"연애할 때는 몰랐던 사실인가요?"

　"아니요, 알고 있었지만 고칠 줄 알았죠."

　선택에는 늘 책임이 따른다. 그래서 후회 없는 선택이 중요하다. 자유롭고 순수한 마음 상태로 선택하면, 그에 따른 책임을 기꺼이 지는 마음도 쉽게 따라온다. 선택을 한다는 것은 자신에게 좋은 것을 택하는 것이지만 사실 무엇이 자신에게 가장 좋은 것인지 잘 모를 때가 많다. 그리고 때로는 모르고 한 선택이 더 좋을 수도 있다. 사실 이런 경우도 있다.

"알았더라면 절대 이 남자와 결혼하지 않았을 거예요."

"하지만 결혼했으니 어떡하겠어요. 살아야지요."

"그런데 살다 보니 결혼하길 잘한 것 같아요."

그렇다면 잘 알아보고 선택하라는 말보다 더 좋은 조언은 이것이다.

"너 스스로 한 선택에 대해 책임을 져라."

책임을 지기로 마음먹는 순간, 짐은 조금 더 가볍게 느껴진다. 그리고 나에게는 힘살이 붙는다. 그리고 성장한다. 기꺼이 책임을 지려는 태도를 가진 사람은 행복할 자격이 생긴다. 성장하는 것 또한 행복의 원천이므로.

이 세상에는 내가 아는 것보다 모르는 것이 훨씬 많고, 나 자신에 대해서는 나 자신조차도 잘 모르기도 한다. 하지만 그래도 그나마 나를 제일 잘 아는 자는 하느님을 빼고는 나 자신이다. 내가 무언가를 잘 선택하기 위해서 모든 것을 알아야 하는 것은 아니다. 그래서 나는 내가 일상의 소소한 것부터 인생에 중요한 문제까지 늘 좋은 것을 선택하길 바라지만, 그것을 기대하고 여기저기 묻기보다는 나 자신에게 내 마음이 순수한 상태인가를 묻고 하느님께 내가 한 선택을 잘 감당할 수 있게 해달라고 기도한다.

사랑한 후에 남는 것

나는 이 책을 쓰기 시작했을 때, 단순히 기록을 남긴다고 생각했다. 그런데 써가면서 나는 내 삶의 일부가 차곡차곡 정리되고 있음을, 그와 동시에 내가 글을 쓰기 전보다 조금은 더 성장하였음을 알게 되었다.

이 책의 사건 속 변호사인 나는 끊임없이 시도하고, 몇 번은 성공하고 또 몇 번은 실패한다. 원하던 최상의 결과를 얻지는 못했다는 의미에서는 실패인 것이다. 하지만 사건들을 하나하나 써 내려가면서 나 자신에 대해 너그러워질 수 있었다. 스스로에게 위로와 격려를 보냈고 헌신의 가치에 대해서도 피부로 느꼈다. 괴테는 『파우스트』에서 "인간은 끊임없이 추구하는 한, 스스로 구원받는다"고 했다. 내가 몰입한 만큼 나는 나도 모르게 많은 보상을 받았다. 실패했을지라도 온몸을 던져 부딪쳐 보았기에 미련이 없었고, 다른 의미에서는 성공이라고도 생각할 수 있게 되었다.

삶의 어느 순간, 무심히 길을 걷다가, 혹은 누군가를 기다리느라 홀로 있게 되는 순간 같은 때, 어린 시절에 우연히 들어서 머릿속 어딘가 들어 있던 어느 한 구절 시구나 노래가사 같은 것들이 문득 되살아나면서 아하, 그게 이런 뜻이었구나, 할 때가 있다.

나는 재판이 진행되는 동안, 피고인은 물론 피고인 가족들과 함께 울고 웃었다. 그리고 사건이 마무리되어 갈 즈음, 고등학교 음악 시간에 배웠던 사랑 노래가 내 입에서 무심히 흘러나왔다.

> 탈 대로 다 타시오, 타다 말진 부디 마소, 타고 마시라서 재 될 법은 하거니와, 타다가 남은 동강은 쓰일 곳이 없느니라.

사랑할 때는 너의 전부를 던져라. 남긴 것은 어디 쓸 데도 없다. 살아간다는 것은 사랑하는 것이고 또한 사라지는 것이다. 내가 남김없이 사라져 없어지는 것이다. 그리고 그렇게 사라진 자리에서만이 우리는 무언가를 기다릴 수 있다. 새로운 것이 태어난다. 밀알이 썩어서 열매를 맺는 것처럼. 이 모든 소중한 깨달음은 이 책을 쓰는 과정에서 새롭게 발견되었다. 그것은 창고를 정리하다가 찾은 보물과도 같은 것이었다. 내게는 발명에 가까운 발견이었다.

법정의 위너들

한때 '루저'라는 말이 유행이었다. 키 작으면 루저, 머리 나쁘면 루저 등등. '어떤 사람은 루저'라고 하는 말은 너무 가볍고 별 의미가 없다. '어떤 사람이 루저인가'라는 질문에 답하는 것은 '태양이 아닌 것이 무엇인가'라는 질문에 답하는 것만큼이나 복잡하고 품이 드는 반면, 그 답의 쓸모는 거의 없다. 그보다는 '어떤 사람이 위너인가'에 대한 답을 찾는 데 집중해보자. 모든 영역에서 위너를 찾는 것은 각자에게 맡겨두기로 하고 나는 변호사로서, 어떤 변호사가 위너인가에 대해 답해본다면 "주어진 일을 열정적으로 처리하고 보람을 느끼는 변호사"라고 말하고 싶다.

'주어진 일'이라고 한 이유는 변호사도 사건을 수임하느냐 마느냐에 대한 선택권이 사실상 없기 때문이다. 그것은 의사들이 병원에 찾아온 환자를 거부할 수 없는 것과 마찬가지다. 자신이 없다면, 적어도 믿을 만한 다른 변호사에게 소개라도 시켜줘야 한다. 선택권이 없다는 것은 불편하기도 하지만 그것을 주어진 것으로 받아들일 때, 행운을 가져다주는 기회가 되기도 한다. 어려운 사건일수록 제대로 처리하고 나면 변호사로서 한 단계 성장하게 되고 더 큰 보람을 안겨다 준다. 모든 고통과 영광은 짝을 이루어 오게 마련이다.

이렇게 본다면 내가 정의한 법정의 위너는 재판에서의 승소와는 관계가 없다. 하지만 그들의 일에 대한 태도는 나를 감동시키고 영감을 주었다. 힘들고 지치게 하는 일들 앞에서 그에 굴하지 않고 열정을 일으키고 적극적으로 사람을 사랑하는 마음으로 무언가를 해내는 사람들은 모두 '위너들'이다.

　이 책은 소설이 아니다. 그래서 이 책의 원고를 완성하기까지 나의 역할은 미미한 것이다. 이성암 변호사님, 고 노무현 전 대통령님, 이은경 변호사님, 도진기 판사님, 김동국 변호사님, 이승규 판사님, 양민웅 변호사님은 원고를 완성하는 데 결정적인 기여를 하신 분들이다. 뿐만 아니라 나의 동료 변호사님들, 부모님, 친구들, 동기 법조인들, 사무실의 직원분들, 이 책에 등장하는 모든 분들에게 원고의 완성에 대해 공이 있다. 그에 더하여 나의 원고가 한 권의 책이 되어 세상의 빛을 보게 되기까지는 나의 역할이라고는 거의 없었다. 거친 원고를 처음 출판하기로 결정했던 페이퍼로드 출판사 최용범 사장님, 이번에 개정판을 시작으로 속편까지 출판하기로 결정하며 격려해주신 솔출판사 임우기 사장님, 이 원고를 나보다 더 애정을 가지고 들여다보며 다듬어주신 윤진희 편집장님과 최찬미, 윤정빈 편집자님, 그리고 이 모든 인연의 가운데 계신 조광희 변호사님의 공이 크다. 그래서 내가 책을 출판하면서 절실히 깨달은 것은 바로 이것이다.

　모든 것은 서로 연결되어 있고 나 혼자서 할 수 있는 일이란 이 세상에 아무것도 없다.

도진기 판사의
형법 제241조 위헌법률심판제청결정문

주   문

위 사건에 관하여 형법 제241조의 위헌 여부에 관한 심판을 제
청한다.

이   유

[중략]

3. 이 사건 법률 조항의 위헌 여부

가. 간통죄의 연혁

전통적인 유교 사회이던 조선왕조에서는 간통에 대하여 남녀
공히 처벌하되 여성을 더 중하게 처벌하는 법이 존재했고, 갑오
경장 이후 제정된 우리나라 최초의 근대 형법인 1905년 『형법
대전』에서도 종전 조선왕조의 법전에 따라 간통을 처벌하는 규

정을 둔 바 있다. 1908년에는 일본 학자들의 영향으로 당시 일본의 예에 따라 남자는 처벌치 아니하고 간통한 유부녀만 처벌하는 것으로 개정되었으며, 이어진 일제강점기 하에서도 일본 형법의 적용으로 역시 동일하게 유지되었다.

　해방 후 신 형법을 제정할 때 간통죄 존폐 여부를 두고 논란이 일었는데, 법전편찬위원회 및 국회법제사법위원회의 형법 초안 및 수정안에는 간통죄 규정이 없었으나 국무회의심의 및 국회 본회의를 통과하지 못하였고, 남녀 동등하게 간통을 처벌하는 간통죄 규정을 마련한 정부안이 국회 본회의에서 112인 중 57인의 찬성을 얻어 1표 넘은 과반수로 통과됨으로써 현재와 같은 간통 처벌의 역사가 시작되었다.

　형벌관에 입각해서 제도가 만들어지는 것과 마찬가지로 만들어진 제도 또한 형벌관을 형성한다. 간통죄가 합헌이라는 견해의 가장 강력한 지지자는 이처럼 1표라는 역사적인 우연에 가까운 연고로 마련된 처벌 조항의 존재 그 자체인 셈이다.

[중략]

다. 간통 처벌의 위헌성 검토

1) 성性적 자기결정권
자유주의 국가로서의 우리나라 헌법은 제10조 전문에서 "모든 국민은 인간으로서의 존엄과 가치를 가지며, 행복을 추구할 권리를 가진다"라고 규정하여 개인의 인격권과 행복추구권을 보장하고 있고, 이는 개인의 자기운명결정권*이 전제되는 것이다.

이 자기운명결정권에는 성적 자기결정권이 포함되고, 성적 자기결정권은 성행위 여부와 상대방, 그리고 시간과 장소 등 모든 사항에 관하여 개인의 선택과 결정의 권리가 보장되어야 한다는 것을 내용으로 한다(헌법재판소 1990. 9. 10. 89헌마82결정 참조).

성적 자기결정권은 헌법상의 행복추구권을 포괄적인 근거로, 또한 헌법 제12조 제1항에서 규정한 신체 활동의 자유 및 헌법 제17조에서 보장한 사생활의 비밀과 자유를 구체적인 근거로 한 개인의 가장 원초적인 자유권의 하나이다. 물론 모든 자유권과 마찬가지로 여기에는 타인의 기본권 침해 또는 중대한 공익 등을 이유로 법률적 제한이 부과될 수 있다.

문제는 그 침해의 중대성에 대한 가치의 형량 판단인데, 헌법적 기본 가치의 법률적 제약은 신중하고 제한적으로 접근해야 하며, 이점은 우리 헌법 제37조 제2항에서 과잉금지의 원칙 내

---

* 헌법 제10조에는 인간의 존엄과 가치, 행복추구권을 보장하고 있다. 자기운명결정권은 인간의 존엄과 가치, 행복추구권을 실현하기 위해 전제된 권리로 이해되고 있다. 최근 존엄사를 인정한 판결에서 그 근거로 '자기 생명을 스스로 판단할 권리가 있다'고 했는데 자기운명결정권의 내용으로 볼 수 있다. 문제는 생명권과의 관계인데 어떤 경우에 자기운명결정권이 생명권을 앞서는지, 낙태죄, 존엄사에서 깊이 논의되어야 한다.

지 비례의 원칙으로 선언되어 있다.

2) 간통죄의 입법 취지

개인의 성적자기결정권에 대한 제한의 하나로서 형법 제241조 간통죄를 두고 있는 입법 취지는 '선량한 성도덕'과 '일부일처주의 혼인제도의 유지' 및 '부부의 성적 성실의무의 확보'를 위한 것으로 설명되고 있다(헌법재판소 1990. 9. 10. 89헌마82결정, 헌법재판소 2001. 10. 25. 2000헌바60결정 참조). 또한 일각에서는 간통 처벌이 사회적 약자인 여성 보호를 위해 존재 의의가 있다고 역설한다.

합헌성 판단은 궁극적으로는 이러한 입법 취지에 근거하여 개인의 자유의사에 의한 간통 행위를 형사처벌의 방법으로 제한하는 것이 헌법적 타당성을 지니고 있는 것인지의 비교형량 문제에 귀착된다고 하겠다.

3) 간통 행위의 본질

간통의 본질은 부부간의 성적 성실의무 위반이며 도덕 위반이라는 점에 있다. 일부일처제의 부부 관계란 여러 가지 문화인류학적, 사회적 의미를 가지는 것이겠지만, 법적으로는 계약성을 띄는 것이고 그 관계에서의 의무 위반은 그것이 심각한 것이라 하더라도 기본적으로는 계약상 책임에 가까운 것이다.

간통 행위는 배신행위일지언정 범죄행위일 수는 없다. 따라서 본질상 계약 위반 책임 혹은 불법행위 책임을 묻고 이혼 법정이나 민사법정에서 다루어져야 할 문제이지 형사법정에 세워야 할 문제는 아닌 것이다. 이미 부부 관계의 실질이 깨어진 상태라면 배신성조차도 희박할 것이다.

배우자와는 몸과 마음이 이미 서로 떠난 경우에도 타인과의 성행위는 범죄행위라면 법은 개인에게 무엇을 요구하는 것인지 의문이다. 부부는 상대방에게 충실할 것을 요구할 권리는 있지만 상대방을 소유하거나 예속시킬 권리는 없다. 그럼에도 지나친 소유와 예속의 발상에서 간통 행위에 대해 형사상 처벌까지 나아가도 무방하다는 과도한 자유권 억압의 감정적 근거가 비롯되고 있다.

배우자 이외의 자와의 성교에는 여러 가지 동기가 있을 수 있겠지만, 애정이 전제된 관계라면 이는 인간 본능과 내면세계의 자연스러운 발현으로 막는 것도 불가능하고 선뜻 공적인 제재에 나서는 것도 부적절하다.

간통죄 규정은 혼외의 애정 관계는 불문하지만 성교 행위까지 나아가는 순간부터는 윤리적 비난이나 배우자의 민사적 책임 추궁을 넘어서 국가권력이 개입하여 처벌하겠다는 것인데, 이것은 성행위라는 것에 지나친 비중을 두는 구시대적 관념에서 비롯한 것은 아닌지, 혼외 애정 관계와 혼외 성관계와의 사이에 질적으로 그렇게까지 다른 구분선이 있어야 하는 것인지, '자유주의 확대'라는 현대 법 원칙에 비추어 강렬한 위화감이 느껴진다. 법이 이불 안까지 들어가서는 안 된다.

[중략]

5) 성도덕 유지 문제

간통죄는 그것이 규정되어 있기 때문에 그 처벌이 당연시되어 온 면이 있다. 제도에는 자체의 관성과 프리미엄이 있다. 하지만 특히 성에 관련된 형사처벌 문제는 당대의 시대정신에 따라 원점에서 합헌성 여부를 재검토할 필요가 있다.

도덕 위반이 모두 범죄가 되는 것은 아니며, 성도덕에 관하여는 더욱 그렇다. 성도덕을 모두 형법 전에 규정하는 것도, 형법이 성도덕 유지의 선봉장이 되는 것도 안 될 일이다. 인간 본능에까지 회귀하는 성문제는, 특히 그것이 간통의 처벌 문제처럼 논쟁거리인 경우에는, 사회의 다수 혹은 힘 있는 세력이 단지 싫어한다는 이유로 개인의 원천적 자유에 대한 고려 없이 형법전에 등재하여서는 안 된다. 사회경제적 소수를 위한 많은 목소리가 존재하듯이 도덕적 소수를 위한 주장도 무시해서는 안 된다.

성도덕 보호를 위해 국가형벌권을 사용하는 것은 개인의 가장 내밀한 사적 영역에 대한 국가권력의 개입이므로, 최대한 자제되어야 한다. 사회의 평균적인 성도덕이라는 것은 시대와 사회에 따라 부침이 심한 것이고, 그 흐름을 인위적으로 막을 수도 없는 반면 자체적인 자정 능력도 있다.

형벌의 기본 역할은 사회도덕 유지에 있지 않다. 성문화란 자유의사를 가진 성인들에 의한 결정이 집합되고 화학반응을 일으켜 만들어지고 변화해가는 존재로서 사회의 자율과 진화에 맡겨야 할 문제이다. 여기에 국가가 국친주의paternalism적 입장에서 개입하여 일정한 도덕률을 제시하고 이에 위반 시에는 형사적 제재를 동원한다는 것은 국가의 이성이 시민의 이성보다 우월하다고 생각하는 시대착오적인 권력의 오만이다.

6) 혼인제도의 보호 문제

간통은 혼인 파탄의 원인이라기보다는 혼인 파탄의 결과이다. 이미 부부간의 애정과 신뢰가 사라져 외피만 남은 혼인 관계에서 성적 성실의무만을 형사처벌로까지 겁을 주어 강제한다고 혼인제도가 보호된다고 보기 어렵다. 또한 간통죄의 고소는 절차상 이혼을 전제로 하는 것으로 부부가 갈라서야만이 간통죄 처벌이 가능한 것인데, 혼인제도 보호를 위해 간통죄를 처벌한다고 하는 것도 일단 모순이다.

애정 없는 성의 예속을 과도하게 강요하는 것이 개인의 자유에 얼마나 심각한 침해가 될 것인지 진지하게 고려해야 한다. 개인의 자유권과 행복의 희생하에 겉모습만의 혼인제도가 유지된다고 해서 그것이 건전한 사회는 아닐 것이다. 가정은 구성원 개인을 떠나서 존재하는 것도 아니고 또 개인을 떠나서는 존재 가치도 없다. 개인의 자유는 최대한의 보장 대상이지만 제도는 최소한의 보장으로 족하다.

7) 자유권 제한의 한계

형벌은 기본권 제한의 형태와 수단에 있어 가장 강력한 것이다. 따라서 국가형벌권은 과잉금지 및 비례의 원칙상 사회생활상 본질적으로 중요한 법익의 보호를 위해서만, 그것도 다른 수단으로 효과가 없을 때 최후의 수단으로 사용되어야 한다.

혼인제도 유지와 성도덕 유지 등의 목적을 위해서라면 문화, 종교, 교육 등, 접근 가능한 다른 수단이 얼마든지 있다. 모든 정책과 대안을 검토하여도 부족할 때 최후로 고려되는 수단이 형벌이어야 할 것이다. 자발적인 성인들의 성행위를 형사처벌하여 공공 목적을 달성하려는 것은 법 만능주의이며, 형벌 과잉이라 아니할 수 없다. 더욱이 간통죄는 법정형에 있어서도 벌금형도 없이 오로지 징역형만을 규정하고 있어 형평성까지 잃은 처벌 조항으로 보인다.

8) 첨언 — 간통죄 운영의 현실

위헌 여부에 대한 판단에 더하여 간통죄의 효용성 관점에서 첨언하면, 현실에서는 이미 간통 고소는 본래의 목적보다는 이혼 시 위자료나 양육 등 이혼 조건 협의에서 유리한 위치를 얻기 위한 압박용 수단으로 이용되는 경우가 많다.

또한 수사나 재판 과정에서 상당수가 고소취소되어 끝나며,

판결까지 가더라도 근래에는 사회의식 변화를 반영하여 대부분이 불구속 재판에 집행유예형을 받고 있다. 구속과 이어지는 실형의 추상 같은 처벌로 표면적으로나마 입법 목적에 걸맞는 위하력을 갖추던 시대는 이미 지나가고 의미 없는 처벌로 전과자만 만들어내고 있어 명분도 실리도 모두 잃고 있는 듯하다.

간통죄 처벌의 일반예방 효과나 특별예방 효과는 거의 기대하기 힘들게 되었다. 간통은 '들킨 죄'라는 국민 일반의 인식도 분명히 존재한다. 간통 처벌 조항은 자유주의의 확산에 따른 사회의 진전에서 보조를 맞추지 못하고 불균등발전의 하나로 뒤처져 남아 있는 전근대적인 조항으로 강력하게 의심된다.

라. 결어

간통죄의 위헌성 판단이 곧 간통의 정당성 인정은 아니며, 간통 행위에 대한 민사적, 도덕적 책임은 면할 수 없다. 하지만 그것을 범죄화한다는 것은 개인의 성적 자기결정권의 중대성에 비추어 위헌 소지가 짙고, 입법재량의 범위를 넘어선 것으로 판단된다.

국가의 강제력은 사회의 원칙이 유지되도록 규칙의 준수를 보장하는 일반적인 행동 규율을 실시하는 데에 국한시켜야 한다. 특정한 개별적인 목적을 위해 강제력을 남용하려는 유혹은 빠지기 쉽지만 자제되어야 할 낡은 본능이다.

개인의 자유란 그것이 함부로 제약되었을 때의 손실은 아무도 알 수 없는 반면, 자유에 대한 통제의 효과는 눈에 쉽게 보인다. 따라서 권력은 개입과 통제를 선호하게 되는 속성을 갖지만, 개인의 자유와 창의성이 해방되면서 사회가 비약적으로 발전해온 것을 돌이켜 보면, 국가권력은 인식의 한계를 인정하고 자유에 대한 통제를 최대한 자제하여 주는 것이 마땅하다.

4. 결론

그렇다면, 형법 제241조는 그 위헌 여부가 이 사건 재판의 전제가 될 뿐만 아니라, 과잉금지의 원칙을 벗어나 헌법상 보장된 개인의 성적 자기결정권의 본질적 내용을 침해한 위헌적 조항이라고 의심할 만한 상당한 이유가 있으므로, 주문과 같이 결정한다.

법정의 고수
신 변호사의 법조 인사이드 스토리

1판 1쇄 발행	2020년 10월 15일
1판 3쇄 발행	2022년 8월 16일

지은이	신주영
펴낸이	임양묵
펴낸곳	솔출판사

편집장	윤진희
편집	최찬미 김현지
디자인	이지수
경영관리	이슬비

주소	서울시 마포구 와우산로29가길 80(서교동)
전화	02-332-1526
팩시밀리	02-332-1529
블로그	blog.naver.com/sol_book
이메일	solbook@solbook.co.kr
출판등록	1990년 9월 15일 제10-420호

ISBN	979-11-6020-146-8	(04360)
	979-11-6020-145-1	(세트)